DAS BUCH

Na? Wie halten Sie es so mit der Erziehung? Eher Laisser-faire? Oder haben Sie ihre Pep-Guardiola-Momente – Fahrradfahren mit zweieinhalb, bilinguale Vegan-Kita und später natürlich Harvard? Wenn Jonas Ratz eins von seinen beiden Söhnen gelernt hat, dann Gelassenheit: Erziehung ist eben das, was passiert, während wir daran scheitern, ein Vorbild zu sein. Denn von A wie Autofahren bis Z wie Zucker – Kinder sind die wohl liebenswerteste Kampfansage an Kategorien wie Ordnung, allgemeinen Lebensernst oder Pünktlichkeit. Auf der »Elterncouch« auf SPIEGEL ONLINE berichtet Ratz regelmäßig davon, wie er beim Kindergeburtstag zum Tigerdompteur wird und warum die Evolution ihm als Vater eigentlich nicht ein Paar Augen im Hinterkopf und zwei zusätzliche Arme verpasst hat – im Gegenzug könnte er auf einen Teil des Großhirns gut verzichten, zum Vorlesen der einschlägigen Bilderbücher reicht das Stammhirn schließlich völlig aus. Gehen Sie in 43 Kolumnen, bezaubernden Illustrationen und mehr als 200 weisen Kinderworten (Süchtigkeiten! Mopsarella! Gehirnverschüttung! Handy und Gretel!) auf eine Reise in die wundervolle Welt des Kinderhabens – von A bis Z.

DER AUTOR

Jonas Ratz lebt in Hamburg, zusammen mit seiner Frau Jana und seinen Kindern Frederik (vier) und Oliver (anderthalb). Die beiden sind nicht immer artig, aber immerhin schon groß: 90 und 107 Zentimeter (auf Zehenspitzen). Was er mit ihnen zwischen G wie Geburtsvorbereitungskurs und N wie Notaufnahme erlebt, beichtet er regelmäßig auf der SPIEGEL ONLINE-Elterncouch.

KiWi

1518

JONAS RATZ

TROTTELINI MIT PUMASAN

WAHRE GESCHICHTEN AUS DEM LEBEN JUNGER ELTERN

MIT DEN LUSTIGSTEN, IRRSTEN UND WEISESTEN KINDERWORTEN

Kiepenheuer & Witsch

MIX
Papier aus verantwortungsvollen Quellen
FSC® C013736

Verlag Kiepenheuer & Witsch, FSC®-N001512

2. Auflage 2016

Umschlaggestaltung: Michael Meißner und Mona Eing
Umschlagmotiv: © Michael Meißner und Mona Eing
Illustrationen: Michael Meißner und Mona Eing
Gesetzt aus der Legacy und LiebeErika
Satz: Felder KölnBerlin
Druck und Bindung: Kösel GmbH & Co. KG, Krugzell
ISBN 978-3-462-04970-1

Inhalt

Liebe Leser,

Sie denken: Noch so ein Kinderbuch, geschrieben von einem Vater, der gerade mal zwei Monate Elternzeit nimmt und ... Moment, Oliver, mein anderthalbjähriger Sohn, ist gerade draußen im Garten und hat seinen Schnuller verloren. So, wieder da. Wo war ich? Ach ja, also, noch so ein Kinderbuch mit Elternzeit-Anekdoten, Einschlaftipps und niedlichen Illustrationen in Vierfarbdruck. Und Sie denken: Braucht die Welt das wirklich? Liebe Leser, ich dachte mir schon, dass Sie das denken. Und deshalb habe ich mich auch argumentativ sehr gut vorbereitet und fünf Gründe formuliert, dieses Buch nicht nur zu kaufen und zu lesen, sondern vor allem: zu genießen.

Also, Grund Nummer eins ... Entschuldigung, der Schnuller ist wieder weg, einen Moment noch mal. So. Hat etwas länger gedauert, im Sandkasten ist ein Streit zwischen Oliver und seinem größeren Bruder Frederik (knapp vier) um die blaue Schaufel entbrannt, und ich musste all mein diplomatisches Geschick einbringen. Nicht, dass es geholfen hätte. Also, der erste Grund: Ich werde Ihnen keinen einzigen Tipp geben. Versprochen. Denn Tipps, Regeln und gute Ratschläge erfahren eine gewisse Inflation, wenn man Kinder bekommt. Ob Eltern, Großeltern, entfernte Cousinen, die sich plötzlich wieder melden und tendenziell viel bis alles besser wissen, oder Kollegen, die einem beim Mittagessen erklären, warum Kinder bis zum soundsovielten Monat gestillt werden müssen, nicht vor dem soundsovielten Monat in die Kita gegeben und keinesfalls im soundsovielten Monat gegen Masern geimpft werden sollten. Hinzu kommen die Ratgeberbücher. »Huch, mein Kind wächst«, »Das perfekte Kind in drei Schritten« oder »Das Japan-Modell – warum Kinder mehr brauchen als Liebe«. In denen kann ich dann nachlesen, warum Oliver mit acht Monaten echt schlecht geschlafen hat. Also vermutlich. Wahrscheinlich. Kann aber auch schlicht am Wetter, der politischen Großlage oder dem Vollmond gelegen haben. Sehr hilfreich auch die Tabellen mit altersgestaffelten Entwicklungsstufen, die Ihr Kind gefälligst erreicht haben sollte, wenn

Sie es nicht gleich zur Logopädie oder Physiotherapie anmelden wollen. Ganz ehrlich? Sie brauchen keine Ratschläge. Zumindest nicht von mir. Deshalb: Grund eins – keine Tipps.

Der zweite Grund: Dies ist nicht »Krieg und Frieden«. Auch nicht »Der Zauberberg«. Das bedeutet: Die Sätze sind meist viel kürzer als zwei Seiten. In den meisten davon arbeite ich ganz klassisch mit Wörtern. Und die einzelnen Kapitel sind gerade so lang, dass man sie hervorragend vor dem Schlafengehen lesen kann. Also zumindest, wenn Sie – so wie ich – meistens so müde vom Kinder-ins-Bett-Bringen sind, dass mehr als zwei Seiten nicht drin sind. Ein Eltern-ins-Bett-Geh-Buch sozusagen.

Grund drei ... Ähh, Frederik will jetzt eine Höhle bauen und braucht architektonische Hilfe (ob ich da die beste Wahl bin, bezweifle ich, aber mangelnde Fachkenntnis stört Kinder bis zur Pubertät ja nicht). So, Höhle gebaut. Und gleich wieder eingestürzt. Nun, wie auch immer, Grund drei: die Kinderworte. Sambalamba statt Salamander, Hafersocken statt Haferflocken, Salamiklaus statt Nikolaus. Solche Sachen. Schon als ich 2015 mit den Kolumnen auf der »Elterncouch« von SPIEGEL ONLINE angefangen und erzählt hatte, dass ich Kinderworte sammelte, wurde ich mit E-Mails, Tweets und Briefen überschüttet. Und was hat mir diese Flut für großartige Stunden beschert! Jedes Kinderwort, ob »Gläserschwert« (statt Laserschwert), »Lederwurst« (statt Leberwurst) oder »Miefel« (statt Gummistiefel), ist ein kreatives Kleinod. Ich saß über Stunden vor dem Computer, beantwortete die Mails, sammelte die besten Kinderworte für die SPIEGEL-ONLINE-Kolumne und musste im Sekundentakt lachen. Ihre Kinder, liebe Leser, das kann ich nun aus der streng wissenschaftlichen Auswertung der Kinderworte eindeutig sagen, haben höheres komödiantisches Talent als Otto, Loriot und Dieter Nuhr zusammen. Und deshalb finden Sie zwischen den einzelnen Kapiteln immer wieder Doppelseiten mit einem Kinderworte-Best-of. Für zwischendurch, zum Weitersagen und für das elterliche Fachgespräch auf dem Spielplatz. Funktioniert übrigens auch gut in etwas steifen Pekip-Veranstaltungen oder beim Kinderturnen oder als Entgegnung für den allwissenden Kollegen beim Mittagessen (»Ist das das Schnutenpitzel? Oder Condom Blö?«). Und wenn Sie Kinderworte kennen, die noch nicht in diesem Buch sind, freue ich mich natürlich über eine E-Mail (kinderworte@spiegel.de).

Grund Nummer vier: Ganz ehrlich? Hab ich gerade vergessen. Ich leide an der unter Eltern sehr verbreiteten Form der Schlaf-Demenz. Also eher Schlaflos-Demenz. Aber immerhin, Grund Nummer fünf kriege ich noch zusammen: die herrlichen Zeichnungen von Michael Meißner, der dieses Buch illustriert hat. Meißner hat übrigens gerade einen Sohn bekommen, als wir mit den Kolumnen auf SPIEGEL ONLINE begonnen haben. Er war immer der zweite Leser (nach meiner Frau Jana) und sagte mir einmal, er hätte nach einer durchwachten Nacht mit seinem Sohn Gabriel mit Fieber, stundenlangem Auf- und Abgehen und dementsprechend wenig Schlaf die Kolumne über das Durchschlafen gelesen. Und gelacht. Mit einer Träne im Auge. Und wissen Sie was, liebe Leser? Ich hoffe, Ihnen geht es genauso. Das Leben mit Kindern ist anstrengend, großartig, zum Heulen, zum Lachen, zum Ausrasten, Jubeln und Verrücktwerden und das alles meistens gleichzeitig. Lassen Sie mich davon erzählen.

Ihr Jonas Ratz

Ach übrigens: Ich hatte drei Monate Elternzeit bei Frederik. Und keine einzige Seite geschrieben.

A wie Autofahren

Als wir den Rastplatz Allertal, idyllisch gelegen an der sechsspurigen A7 (Frikadelle im Brötchen, frisch von gestern Morgen: 4,69 Euro) verlassen, steht an der Auffahrt ein Anhalter. Jana guckt mich an, ich gucke zurück, und als hätte uns Simon Rattle persönlich den Einsatz gegeben, müssen wir beide lachen. Ein Anhalter! Noch vor fünf Jahren hätten wir den Mann wahrscheinlich mitgenommen, Typ Student mit Touring-Rucksack, Rastalocken, wahrscheinlich guter Musikgeschmack und nicht ganz so gutes Deo, aber hey, irgendwie einer von uns. Aber heute? Stellen wir uns das mal vor, nur so theoretisch:

Hallo, wo wollen Sie hin? Hamburg? Das passt, da müssen wir auch hin, steigen Sie ein. Wo? Na, auf dem Rücksitz. Zwischen den beiden Kindersitzen. Ach stimmt, ich steig' eben aus, dann können Sie von vorne über den Beifahrersitz und die Mittelkonsole nach hinten klettern. Den Rucksack – tja, der Kofferraum ist leider voll. Wissen Sie, wir haben vier Tage meine Schwiegereltern besucht, drei Koffer für die Kinder, einer für uns, der Buggy, das Reisebett und die Windeltasche – aber Sie können ihn ja auf den Schoß nehmen. Geht es? Ja, ist ein bisschen eng zwischen den beiden Sitzen, das stimmt. Es geht leichter, wenn Sie die Schulter und die Hüfte nach links eindrehen, Vorsicht, treten Sie nicht auf den Teddybären. Ach so, anschnallen wollen Sie sich? Na ja, da müssen Sie sich schon entscheiden ... Guckt mal, Frederik, Oliver, der nette Mann fährt jetzt mit uns mit.

Also von mir aus können wir uns auch duzen, ich bin der Jonas, das ist meine Frau Jana, und das sind Frederik, der ist vier, und Oliver, anderthalb. Und du? Philipp, schön. Und wo kommst du gerade her? Ach, eine Rucksacktour durch Nepal? Spannend, spannend. Sag mal, könntest du mal gucken, ob du an Olivers Schnuller rankommst, der muss irgendwo im Fußraum liegen. Frederik, nicht so rumschmieren mit den Schokoladenkeksen, guck mal, jetzt hat Philipps Hose was abbekommen. Und, ist der Schnuller da? Vielleicht ist er auch da hinten hingefallen, zwischen Kindersitz

und Tür. Kommst du da ran? Oliver, zieh den Philipp nicht an den Haaren, nein, Oliver, lass los, das tut dem Philipp weh, hörst du, er schreit schon ganz doll. Nein, du musst jetzt nicht anfangen zu weinen, Oliver. Du hast dem Philipp wehgetan, und das geht nicht, du willst ja auch nicht, dass er dir an den Haaren zieht. Oliver? Alles gut, Oliver, nicht weinen. Oliver!

Sag mal, Philipp, würde es dir was ausmachen, etwas an Olivers Kindersitz zu rütteln? Das beruhigt ihn normalerweise. Ja, mit der rechten Hand da unten und mit dem linken Arm einmal über ihn drüber, genau. Gleichmäßig rütteln, nicht so schnell - nein, auch nicht so langsam, so in der Mitte - ja, genau so. Wie lange? Och, meistens schläft er dann so in einer halben bis Dreiviertelstunde ein. Ach, jetzt ist der Schnuller schon wieder rausgefallen, könntest du noch mal im Fußraum ...? Ja, Frederik, wir hören das Hörspiel gleich weiter, Philipp muss eben noch den Schnuller finden, sonst versteht man ja gar nichts, wenn Oliver so laut schreit. Moment, wir machen mal Radio an, NDR 1, lustigerweise beruhigen ihn deutsche Schlagermusik oder Militärmärsche am besten. Oh, Helene

Fischer. Was? Hier aussteigen? Aber es sind noch über 100 Kilometer bis Hamburg! Was? Ich versteh dich nicht, Oliver, alles gut, Moment, ich mach das Radio mal leiser, Jana, kannst du auf den Parkplatz fahren? Philipp sagt, ihm ist plötzlich schlecht geworden.

Und während wir zusehen, wie der junge Mann schneller, als wir es ihm mit seinem schweren Rucksack zugetraut hätten, das Weite sucht, sei mir eine Anmerkung gestattet: Liebe Anhalter, wenn in Zukunft ein ziemlich voll bepacktes blaues Auto mit Hamburger Kennzeichen und dröhnender Schlagermusik an euch vorbeifährt und nicht anhält – tröstet euch. Ihr würdet es nicht wollen.

B wie Bilderbücher

Gehen Sie auch mit der *Raupe Nimmersatt* ins Bett? Oder sind sie schon beim *Drachen Kokosnuss*, *Prinzessin Lillifee* oder gar bei den *Tributen von Panem*? Welche Bücher Kinder mögen, das kann ganze Lebensphasen von Erwachsenen bestimmen, oft sind dürftig getextete Bilderbücher über Kita, Baustellenfahrzeuge und Tierwelt das einzige Literarische, was gestresste Eltern in den ersten Lebensjahren ihrer Kinder zu lesen bekommen. Der Bücherkonsum von Frederik, vier, und seinem kleinen Bruder Oliver, anderthalb, etwa ähnelt dem Hans Magnus Enzensbergers, der einmal in einem SPIEGEL-Interview sagte, er lese Bücher nach dem Walfisch-Prinzip: Wie der Riesensäuger schlicht mit offenem Maul durchs Meer schwimmt und das Plankton seinen Magen füllen lässt, liest Enzensberger offenbar viel, sehr viel in der Hoffnung auf Nahrung für den Geist. Ob das auch das primäre Interesse von Frederik und Oliver ist, bezweifle ich, aber die schiere Menge vorgelesener Bücher an einem verregneten Sonntagvormittag ist beeindruckend. Würde man einen Turm daraus bauen, man käme vielleicht nicht bis zum Mond, aber immerhin bis zur Zimmerdecke.

Leider ist der Anspruch der beiden nicht gerade hoch: Oft schlägt das Pixi-Buch den aufwendig illustrierten Märchenband. Und wer einmal die Reflexionstiefe von *Bobo Siebenschläfer*-Geschichten ergründen durfte, fühlt sich beim *Grüffelo* geradezu intellektuell herausgefordert. Olivers Lieblingsbuch ist momentan das über die *Fünf fröhlichen Bären*. Die leben in einer Art promiskuitiven WG in einem alten Haus und backen für ihre Freunde einen Kuchen. Diese überschaubare Rahmenhandlung ist in dem Buch auf zehn Seiten gestreckt, alles gereimt, was nicht einer unfreiwilligen Komik entbehrt (»Sie lecken und schlecken …«), wenn es am Ende zur großen Kuchenorgie kommt. Aber Oliver liebt es und ich kann es inzwischen auswendig. Ob das bei der nächsten Stehparty als Kitchen-Talk taugt, bezweifle ich.

Zumindest ist bei ihm noch nicht die Phase der blinden Feuerwehrbegeisterung angebrochen. In leichter Variation besitzen wir etwa ein Dutzend Bücher, die sich mit den Herausforderungen des modernen Brandbekämpfungswesens an sich beschäftigen. *Bei der Feuerwehr*, *Alarm bei der Feuerwehr* oder schlicht *Feuerwehr* heißen sie, und der jeweilige Plot ist schnell erzählt. Es brennt, Alarm, Ssssst (das Geräusch, das die Feuerwehrleute machen, wenn sie die Stange runterrutschen), Tatütata, Wasser marsch, Katze gerettet. Geht immer. Frederik konnte davon zwischenzeitlich nicht genug bekommen. Inzwischen ist er eher bei der Rattenbande von Eliot und Isabella oder *Pettersson und Findus* angelangt. Selbst lesen ist allerdings keine Option.

Und so gleichen die Verhandlungen am Abend, wie viele Geschichten ich ihm vorlesen soll, in puncto Härte und Unerbittlichkeit Haushaltsdebatten im Bundestag: emotional aufgeladen und immer ungerecht. Und genau wie bei diesen finden wir am Ende einen Kompromiss: Ich lese zu viele – wie ich finde – und gleichzeitig zu wenige – wie Frederik findet. Kein Wunder. Ist ein Walfisch jemals satt?

C wie Chaos

Ich bin ja großer Anhänger des New-York-Prinzips. Es geht zurück auf Rudolph Giuliani, New Yorks republikanischer Bürgermeister, 1994 gewählt. Er mag mit seiner strikten Law-and-order-Politik nicht nur geglänzt haben, aber eine seiner Maßnahmen leuchtete mir sofort ein: Sobald irgendwo in der Stadt Wände beschmiert werden, wird sauber gemacht. Sobald sich irgendwo Müll sammelt, wird er abtransportiert. Denn: Wenn sich erst einmal Schmuddelecken bilden, strahlen sie aus. Auf das Viertel, auf die Menschen, auf die Stadt.

Ob dieses Nulltoleranzprinzip für die Verwaltung einer modernen Megastadt zielführend war und ist (New York kämpft noch immer mit immensen Schulden), mögen Horst Seehofer und Michael Müller (übrigens Berlins Bürgermeister, musste ich auch googeln) dereinst bei Anne Will diskutieren. Aber für

Kind, wenn du jetzt rausgehst – nimm dich bloß in acht vor dem gefährlichen **»Maulwolf«** statt Maulwurf, *eingesandt von Sabine Mohr*

Mmmh, lecker: **»Maustassensuppe«** statt Maultaschensuppe, *gerne gegessen von der zweijährigen Tochter von Elterncouch-Fan Eva Blomeier*

Definitiv keine Märchengestalt, auch wenn es so klingt: die **»Hühnerfresserfee«** – statt Hühnerfrikassee, *eingesandt von Leserin Maren Rees*

Den hätte sicher auch Karl May bestellt: den **»HATSCHI-BURGER«** statt Veggie-Burger, *so bestellt von der kleinen Frieda Theurich*

Echt Schweizer Erzeugnis, mit extra viel Kakao: die **»Schoggihose«** statt Jogginghose, *eingesandt von Yvonne Pfeiffer*

Wie einem derselbe gewachsen ist: **»Bauchschnabel«** statt Bauchnabel, *so die zweijährige Tochter von Leserin Heinke Jank.* Auch schön die Variante, *die Familie Kramer lieferte:* »Bauchnöpschen«

Macht ja auch Spaß:
»LUSTBALLON« statt Luftballon,
eingesandt von Sophia Christiane Gollek

Klingt irgendwie nach einem CSU-Minister,
am besten für Verkehr und Innovation:
»Schraubelhuber« statt Hubschrauber,
eingesandt von Elterncouch-Leserin Simone Köhler

Hab ich sogar zwei von:
»Fußdaumen«
statt großer Zeh,
eingesandt von Elterncouch-Vater Henning Todt

Sehr praktisch,
sollte jeder Paparazzo
im Haus haben: die
»Abstellkamera«,
eingesandt von Kerstin König

Die unendlichen Weiten – sie sind für Kinder
mindestens so faszinierend wie Schokolade.
Und beides findet man im Zweifel auf der
»WELTALM« statt Weltall,
eingesandt von Kerstin König

Wünscht man sich nicht nur
im Vorstellungsgespräch:
»Berufantworter«
statt Anrufbeantworter,
eingesandt von Sonja Theysohn

den meist überschaubaren Machtbereich eines Familienvaters ist diese Strategie schlicht alternativlos: Früher, bevor Frederik und sein Bruder Oliver in unser Leben gekrabbelt sind, war der Herd der Unordnung meist der Herd. Also die Küche. Jeder, dessen Verständnis von Kochen über die bloße Zubereitung von Fertigpizzen hinausgeht, weiß, dass Kochen den Köchen nicht nur Timing und Wissen abverlangt, sondern vor allem Langmut beim Putzen, Spülen, Aufräumen.

Inzwischen jedoch hat sich der Ursprung des Chaos verändert – um nicht zu sagen, die Küche ist inzwischen mein kleinstes Problem. Unser Haus hat sich zu einem multiplen Hort der Unordnung gewandelt. Im Wohnzimmer steht die halb aufgebaute Duplo-Kugelbahn, im Esszimmer türmt sich der Inhalt der Küchenschränke (Oliver hat eine Vorliebe dafür, den Inhalt von Schränken der Übersichtlichkeit halber draußen aufzureihen, könnte mal ein Kunstprojekt werden), im Arbeitszimmer ist der Inhalt sämtlicher Schubladen auf dem Boden gelandet, und im Kinderzimmer sieht es aus wie im Hotelzimmer von »Hangover« (der Tiger ist in diesem Fall allerdings aus Plüsch) – dabei habe ich gerade einmal die Zeitung vom Briefkasten reingeholt und war vielleicht 45 Sekunden weg. Erstaunlich, welche Effektivität Kinder in der systematischen Chaotisierung eines Haushalts an den Tag legen.

Nun ist es nicht so, dass ich die absolute Keimfreiheit herbeisehne, natürlich muss ein Kinderzimmer mal unaufgeräumt sein, natürlich gehört das Playmobil-Piratenschiff auch mal ins Elternbett (ist ja sicher müde nach der anstrengenden Kaperfahrt durch den Flur). Aber wie in Giulianis Prinzip habe ich in den vergangenen Jahren beobachtet: Lässt du es laufen, holst du es irgendwann nicht mehr ein. Und so räume ich Abend für Abend erst das Kinderzimmer, das Arbeitszimmer, das Wohnzimmer, das Esszimmer und schließlich die Küche auf, mit dem Wissen, dass ich es morgen Abend wieder tun werde. Und am Abend darauf. Und darauf.

Giuliani wurde 2002 übrigens abgewählt. Wenigstens das kann mir nicht passieren.

D wie Durchschlafen

Wieder so eine Nacht: Oliver schläft seelenruhig. Bis ich um halb eins von der Betriebsfeier komme. Ich bin nicht mal sonderlich laut, aber er scheint einen Instinkt dafür zu haben, wenn sich seine Erziehungsberechtigten mal nicht an die Routinen halten. Meine Frau Jana kann ihn, warum auch immer, nicht beruhigen, mit seinem gesamten Gewicht von elf Kilo wirft er sich auf mich und wimmert herzerweichend. Vielleicht muss ich dazusagen: Ja, er schläft mit anderthalb noch bei uns im Bett. Und nein, er schläft nicht durch. Eigentlich nie so richtig.

Aber mit dem Durchschlafen, das habe ich in vielen Café-, Spielplatz- oder Kindergeburtstagsgesprächen mit anderen Eltern gelernt, ist es wie mit dem Spritverbrauch. Wenn Autohersteller ihr Spritsparauto mit »3,2 Liter auf 100 Kilometer« anpreisen, weiß jeder, dass man diesen Wert allenfalls mit Tempo 80, bergab und Hut am Steuer erreichen wird. Und wenn eine Mutter erzählt: »Also, ich weiß auch nicht, wir haben Glück, Johanna schläft durch, seit sie auf die Welt gekommen ist«, dann gibt es dafür genau drei Erklärungen: Erstens: Johanna ist ein Alien-Baby. Viel Spaß, wenn ihr Raumschiff kommt und ihr die Ersten seid, die von der außerirdischen Macht unterjocht werdet.

Die zweite und wohl wahrscheinlichere Erklärung: Johannas Eltern leiden an der sehr verbreiteten Form der Schlafdemenz. Meine Frau etwa hat mir schon oft am Morgen erzählt, was ich angeblich in der Nacht alles unternommen hätte. Einmal soll ich sie sogar schlaftrunken mit einem Kissen beworfen und sie für meine Mutter gehalten haben. Bizarr. Ich würde doch meine Mutter nicht bewerfen. Schon gar nicht mit einem Kissen. Jedenfalls könnte es bei Johannas Eltern ähnlich liegen: Sie vergessen es. Sie vergessen, dass sie nachts zwei Stunden unter Absingen sämtlicher Schlaflieder zwischen Orient und Okzident mit einem heulenden Bündel in der Wohnung umhergewandert sind. Sie vergessen das mit den sechs Milchfläschchen in einer Nacht. Sie vergessen, dass dann nach zwei Stunden leichtem Schlaf die Windel auslief – kein Wunder, bei 1,2 Litern Flüssigkeit. Schlafdemenz ist verbreitet, wahrscheinlich gibt es dafür auch eines dieser Hormone. Dasselbe vermutlich, das einen auf die Frage »Willst du dein freies Leben aufgeben zugunsten von Schlafentzug, Windelwechseln und Babybrei von der Tapete kratzen?« laut »Jaaaa« rufen lässt.

Oder aber Möglichkeit drei: Johannas Eltern lügen. In manchen Branchen würde man das wohl auch als eher freie Interpretation der Fakten bezeichnen: Was heißt schon durchschlafen? Ich war nach der gestrigen Nacht und drei Stunden Schlaf mit Unterbrechung auch ziemlich durch. Autohersteller wollen mit den Spritangaben, Eltern wollen mit ihren durchschlafenden Kindern prahlen, wieso auch immer. Im Kampf um die Deutungshoheit über die Kinderbettchen stirbt zuerst die Wahrheit.

So. Und da stehe ich also im Schlafzimmer, den Ergo-Carrier umgeschnallt, Oliver schnaufend an meiner Brust, inzwischen ist es 1.38 Uhr. Ich gucke dann immer gerne aus dem Fenster, so wie diese Nacht, der Wind schüttelt die Bäume auf der Straßenseite gegenüber ordentlich durch, das Laternenlicht wirft gespenstische Schatten an die Wohnzimmerwand wie im Höhlengleichnis von Platon. Ich spüre, wie dieser kleine Mensch langsam in den Schlaf gleitet, und das unruhige Schnaufen in den ewigen Rhythmus wechselt, der Eltern mehr beruhigt als es jede Tablette je könnte: Einatmen, ausatmen. Einatmen, ausatmen. Und da ist es wieder, dieses Hormon. Anders kann ich mir zumindest nicht erklären, warum ich gerade jetzt nirgendwo lieber wäre als hier. Genau hier.

E

E wie Eingewöhnung

Kennen Sie das Berliner Modell? Nein? Ich hätte es bis vor drei Jahren wohl auch für einen Eröffnungszug beim Schach gehalten oder auf irgendwas mit Hauptstadtpolitik oder Flughafen (»Eröffnung schon 2018!«) getippt. Aber es war schließlich Silke, die mich eines Besseren belehrte. Silke mit ihren weißblonden Strähnchen, dem Bauchtäschchen und dem Arbeitsblatt, das sie mir gerade entgegenstreckt, gepaart mit der unausgesprochenen Aufforderung, alles bis spätestens morgen genau durchzugehen, viermal abzuschreiben und auswendig zu lernen, das kommt dann auch in der nächsten Klassenarbeit dran. Silke also, 22 Jahre alt und frisch ausgebildete Erzieherin in der Kita, die Frederik ab heute besuchen soll.

Das mit dem Besuchen ist natürlich ein Euphemismus, auf den sich Eltern und Kita-Personal stillschweigend geeinigt haben. Einige der Kinder, bei denen ich in den kommenden Wochen Zeuge der morgendlichen, oft lautstarken Abschiedsszenen werden darf, würden das wohl anders interpretieren. Damit das bei Frederik ganz entspannt abläuft, will Silke das mit der Eingewöhnung also ganz sanft machen. Eben nach dem Berliner Modell.

Grob gesagt, entnehme ich dem Arbeitsblatt, läuft die Phase der »sanften Eingewöhnung« mindestens vier Wochen. In den ersten Tagen: Das Elternteil (übrigens ein schönes deutsches Wort, Elternteil, da fühlt man sich gleich so ganzheitlich wahr- und angenommen, so als Mensch) verlässt nicht den Raum, in dem das Kind zunächst nur mit vier weiteren Kindern spielt. Für 20 Minuten. Dann ist Schluss. Erst nach und nach kann die Dauer gesteigert werden, bis man in der zweiten Woche dann – aber nur, wenn das Kind mitmacht! – mal für eine Stunde den Raum verlässt. Das wird mehr und mehr, in der dritten Woche wäre sogar durchaus daran zu denken, mal einen Kaffee trinken zu gehen – aber nicht zu weit von der Kita entfernt bitte, falls es Probleme geben sollte.

Als Silke das Merkblatt mit mir durchgeht, zerfließt der schöne Zeitplan, den ich mir für den Rest der Elternzeit gemacht hatte (Keller aufräumen! Freunde treffen! Welthit schreiben!). »So wird Frederik sich hier bald total wohlfühlen«, versichert mir Silke, und ich – vertrauend auf die pädagogische Expertise dieser Bauchtäschchenträgerin (Fun fact: Darin stecken bei Erzieherinnen immer drei bis fünf Packungen Taschen- und Feuchttücher) – trabe jeden Morgen wie einst Sisyphos mit Frederik ins Kita-Spielzimmer, um meine Vormittage mit der zweijährigen Luise, dem anderthalbjährigen Marco und der gleichaltrigen Sydney zu verbringen: Wir kochen was Leckeres, meistens gibt es Holz-Zucchini von der Ikea-Küche mit Fischstäbchenverpackung vom Kaufmannsladen. Gut umrühren, fertig. Gelingt immer. Oder wir spielen mit Bauklötzen. Also ich zumindest. Die anderen werfen die eh immer nur um. Oder ich sitze einfach rum und gucke zu. Darin ist Frederik mir zumindest ähnlich, er betreibt diese Form des »kid watchings« bis heute gerne und oft.

Wie es ausging? Nun, in der zweiten Woche, als wir das mit dem Alleinlassen und Kaffeetrinken gehen gerade ausprobieren wollten, wurde Silke krank. Ihre Kollegin Tina übernahm. »Das mit dem Berliner Modell hat Ihnen Silke schon mal erklärt, oder?« Ja, hat sie. »Wir müssen natürlich noch einmal von vorne anfangen – jetzt mit der neuen Bezugsperson.« Natürlich. Noch mal von vorne. Man muss sich Sisyphos als glücklichen Menschen vorstellen.

Was Leserin Melanie schrieb, kann man nicht schöner kommentieren: »Ein besonders hübsches Beispiel von meinem Sohn, damals zweieinhalb: **›Mama, mal mir einen Riesenbusen!‹** Er meinte einen Regenbogen.«

Am besten gedünstet mit schön viel Zitrone rund ums Barthaar: das **»Kabelmiau«** statt Kabeljau, *eingesandt von Silke Zörner*

Auf's Brot? Keine Frage: nur »Sabilabi« statt Salami, *eingesandt von Leserin Katrin*

Darüber freut sich vor allem Wolfgang »die schwarze Null« Schäuble: **»Spargeld«** statt Bargeld, *eingesandt von Nadine Issel*

Der nächste Film von Roland Emmerich? **»KLIMAZILLA«** statt Kinderzimmer, *eingesandt von Leser Marcus Paul*

Er bringt Schokolade in Stanniolpapier – folgerichtig ist es der **»Leckerlaus«** statt Nikolaus, *eingesandt von Matthias Menzler und seinem zweieinhalbjährigen Leo*

Emma, die zweijährige Tochter von Leserin Kristina Gniwotta, scheint sehr aufmerksam durch die Sommerwiesen zu streifen. Dort entdeckte sie nämlich den überaus scheuen und ebenso seltenen *»Grüpfhaser«* statt Grashüpfer.

Zweifellos das letzte Werk des begnadeten Literaturkritikers Marcel Reich-Ranicki: der **»Schlussverreiss«** statt Reißverschluss, *eingesandt von Elterncouch-Fan Kristina Gniwotta*

Pardon, sorry, äh, ich meine: **»Tschummeling«** – *sagt die dreieinhalbjährige Tochter von Elterncouch-Fan Patrick Seekatz,* wenn sie sich entschuldigt.

Es waren im Übrigen ein sehr alter Esel, eine hochbetagte Katze, ein Hund im Rentenalter und ein Geronto-Hahn: die **»Stadtmethusen«** – statt Bremer Stadtmusikanten, *eingesandt von Martin Schnelle*

Gerade im bayrischen Teil der Alpen sehr verbreitet: der **»Seppellift«** – statt Sessellift, *eingesandt von David Wenningmann*

E

E wie Essen

Es gibt undankbare Aufgaben: Wahlkampfleiter der FDP zum Beispiel. Durex-Lobbyist im Vatikan. Vertreter für Hausratsversicherungen in Problemvierteln. Steuerberater von Uli Hoeneß. Oder auch: Kochen für Kinder.

Als ich in meiner Elternzeit den damals knapp einjährigen Frederik von Gläschen (er ernährte sich praktisch nur von Schinkennudeln) auf feste Nahrung umstellen wollte, war ich ambitioniert. Gut, ich plante kein Sternemenü, sondern Fischstäbchen (Bio, natürlich, von glücklichen Alaska-Seelachsen in Bodenhaltung) und Reis (ebenfalls aus Bodenhaltung). Fatal, wie sich herausstellen sollte. Denn Frederik, wie immer mit Vollplastik-Lätzchen von Ikea kostümiert, erkannte zwar schnell den hohen Unterhaltungsfaktor einzelner Reiskörner und von Panade auf Johannisbrotkernmehlbasis. In seinem Mund landete aber trotz aller Fütterungsversuche wenig davon. Man hätte ihn etikettieren können: Vorsicht, kann Spuren von Reis enthalten. Nicht so sein Umfeld. Der komplette Tisch, der Boden und das angrenzende Regal waren verschmiert von Klebereis und Fischpanade. Am Ende gluckste Frederik zufrieden, aber hungrig, ich rutschte auf dem Boden herum und säuberte mit Feuchttüchern das Parkett. Es gab dann Schinkennudeln.

Sein kleiner Bruder legte da von Anfang an größeres Engagement an den Tag. Gut, er akzeptiert nur Lebensmittel, die keine Schale oder Stiel aufweisen, Obst konsumiert er nur in Breiform. Aber sonst: Ob Haferflocken am Morgen, Spaghetti zum Mittagessen oder Brot am Abend, Oliver isst, was auf den Tisch kommt, und zwar allein, füttern ist verpönt. Sie ahnen, dass das nicht spurenlos vonstattengeht.

Ist Ihnen das auch schon mal aufgefallen? Gerade Haferflocken mit Milch härten nach einer Weile zementartig aus, ich bin versucht, sie im Interesse der Weltraumforschung für zukünftige Marsmissionen als Biobaustoff vorzuschlagen (der Patentantrag läuft, mir schwebt eine eigene NASA-Abteilung »Cereals In Outer-Terrestrial Use« vor). Aber auch gründlich eingetrocknete Lasagne weist gute Klebeeigenschaften auf.

Und so beseitige ich nach jeder Mahlzeit Kleckse, Reste und Flecken, gerne auch von der Wand, die inzwischen dringend mal wieder gestrichen werden müsste. Ohnehin gehe ich davon aus, dass wir in zehn Jahren, wenn Oliver und Frederik aus dem angeblich Gröbsten raus sind, das gesamte Haus renovieren müssen. Nur, damit sie es – wenn wir sie in ihrer Pubertät mal für ein romantisches Paris-Wochenende allein lassen – mit einer ausufernden Party gleich komplett wieder zerlegen. Gibt es für so etwas eigentlich Klauseln in der Hausratversicherung?

E wie Evolution

Liebe Evolution,

ich hoffe, Dir geht es gut, bist ja auch nicht mehr die Jüngste. Warum ich Dir schreibe: Es ist ohne Frage beeindruckend, was Du da in den letzten 4,5 Milliarden Jahren so alles auf zwei oder vier Beine gestellt hast – gut, bis auf die Dinosaurier, die hatten eindeutig ein Body-Mass-Index-Problem. Aber das hast Du dann ja auch selbst eingesehen und bist schließlich doch bei der derzeitigen Krone der Schöpfung angelangt: Zwergponys, Nacktmulle und Riesenschnauzer, also Säugetiere im weitesten Sinne. Respekt, die Welt wäre doch arg langweilig ohne Deinen Einfallsreichtum. Aber – sei mir nicht böse und nimm es erst recht nicht persönlich – es gibt Dinge, die sind in meinen Augen noch ausbaufähig. Etwa die Sache mit den Zähnen.

Oliver zum Beispiel, mein jüngerer Sohn, hat noch immer nicht alle Milchzähne. Die wachsen ihm nach und nach und vor allem nachts, was ein nicht kleiner Teil des Problems ist. Denn Milchzahnwachstum und Schlaf schließen sich gegenseitig aus. Das gilt für Oliver wie für uns Eltern. Deshalb mein – rein konstruktiv gemeinter – Vorschlag: Warum kommen Babys nicht gleich mit vollständigem Gebiss auf die Welt? Giraffenbabys laufen nach der Geburt ja auch nicht zahnlos durch die afrikanische Savanne – also zumindest, wenn ihr Gebiss den natalen Sturz aus zwei Metern Höhe schadlos übersteht. Wenn da nun stillende Mütter – wahrscheinlich zu Recht – Einwände erheben: Könnten die Zähne bei Kindern nicht alle gleichzeitig nachwachsen? Oder wenigstens – das wäre meine Minimalforderung – mit unmissverständlicher Ankündigung zwei bis drei Tage vorher? Dann könnte man seine Termine besser darauf abstimmen: »Konferenz am Dienstag, 9.30 Uhr? Moment – ach, ich seh gerade, da bin ich noch im Zombie-Modus, mein Anderthalbjähriger hat da einen Zahn-Slot eingetragen.«

Wo wir beim Schlafen sind: Ich habe gelesen, dass Hühner sofort einschlafen, wenn man ihren Kopf unter den Flügel steckt. So ein Einschlafreflex wäre auch bei Kindern unter sechs

Jahren ungeheuer praktisch – für lange Autofahrten etwa oder perspektivisch für interstellare Reisen zum Orionnebel (»Sehr zu empfehlen, wir hatten da letztes Jahr zwei Wochen all inclusive gebucht, sehr gepflegte Anlage – und erst das achtarmige Personal …«). Schön wäre auch etwas mehr Vielfalt in der Lautgebung von Neugeborenen: Verständlich, dass sich das frühkindliche Vokabular in der Regel auf rudimentäre Schrei-, Schmatz- und Grunzlaute beschränkt. Aber Tonhöhe, Lautstärke und Frequenz könnten doch stufenlos verstellbar sein. Oder man wählt einfach einen anderen Klingelton wie beim Smartphone – und stellt im Zweifel auf Vibrationsalarm. Bei der Gelegenheit: Als Vater zweier Kinder käme mir ein zusätzliches Paar Augen im Hinterkopf und ein dritter Arm sehr zupass. Im Gegenzug könnte ich auf einen Teil meines Großhirns gerne verzichten, für die Bilderbücher, die ich Oliver vorlesen muss, reicht das Stammhirn völlig aus. Deal?

Also, liebe Evolution, lass Dir meine Vorschläge doch mal durch den Kopf gehen, eilt ja auch nicht. Das heißt – wenn das beim Dritten zumindest mit den Zähnen schon klappen könnte …

Dein Jonas

Die Drogeriemarktkette mag untergegangen sein – *bei Janne, dem Sohn von Elterncouch-Fan Hendrik Meyer, lebt sie weiter* – wenn auch in anderem Kontext: **»SCHLECKERLING«** statt Schmetterling

Was halt im Badezimmer so abhängt: der *»Schlappschlappen«* statt Waschlappen, *eingesandt von Hendrik Meyer*

Möge die Zehe mit dir sein: **»Obi-Wan Knobi«** statt Obi-Wan Kenobi, *so gesagt vom Sohn von Tim Boenisch*

Hat wohl einst Steve Jobs geküsst: die *»Apfelmuse«* Apfelsine und Pampelmuse gemischt, *eingesandt von Matthias Reinhold und seinem zweijährigen Sohn Leon*

Kinder lieben Volksmusik! Besonders die *»Spatzelruter Katzen«* statt Kastelruter Spatzen, *eingesandt von Martin Miessler*

Steckt viel Wahrheit drin: **»Gewachsene«** statt Erwachsene, *eingesandt von Ralf Küper*

Hm, lecker, genau richtig nach einer schönen Portion Mörtelbrei: der »Lehmkuchen« statt Lebkuchen, *eingesandt von Volkmar Glauche*

Schmeckt zwar manchmal so, heißt aber eigentlich anders: »KARTOFFELKARTON« statt Kartoffelgratin, *eingesandt von Volkmar Glauche*

Wenn Kinder fragen: Mama, was ist die »Pupsertät?« statt Pubertät, *eingesandt von Sabine Bertschik aus Haren/Ems*

Gern gesehener Gast in jeder Kneipe: der »Leberhorst« statt Leberwurst, *eingesandt von Sarina Baum*

Wer zu viel davon isst, stirbt den »Tellertod« statt Nutellabrot, *eingesandt von Nadine Siorpaes und ihren drei Söhnen*

Vielleicht die Mikrowelle? Die »Nährmaschine« statt Nähmaschine, *eingesandt von Volkmar Glauche*

F wie Flecken

Erinnern Sie sich noch an die Waschmittelwerbespots, früher, als man noch Fernsehen geguckt hat? Frauen, bevorzugt Mütter, die bergeweise verdreckte Kleidungsstücke blitzweiß lächelnd in die Waschmaschine stopfen? Gerne vermeldete dazu eine vertrauensheischende Testosteronstimme: »Jetzt mit Fettlöseformel«. Oder – nicht nur sprachlich, sondern auch bedeutungsphilosophisch interessant: »Wäscht weißer als weiß«. Und dann die endlosen Wäscheleinen, die sich über grüne Täler und Auen spannten, dazu die leicht debile Fahrstuhlmusikversion des »Heidi«-Titelsongs.

Ich hielt das früher immer für arg konstruiert: 1. Wer bitte schön hat jemals so viel Wäsche? 2. Wer bitte schön verdreckt Kleidung mit einem solchen Anspruch auf Perfektion? Und – die wohl wichtigste Frage: 3. Wer bitte schön fällt eigentlich auf solche Werbespots

herein? Nun, inzwischen kenne ich die Antworten (in genau dieser Reihenfolge): 1. wir, 2. Frederik und Oliver, 3. ich.

Es ist wie bei der Geschichte vom Hasen und vom Igel: Kaum wähne ich mich als Sieger des Waschmarathons, ist der Wäschekorb auch schon wieder voll. Kein Wunder, Frederik und Oliver arbeiten schließlich hart daran. Oliver etwa ist der David Copperfield des Verschüttens. Gerade noch saß er mit seiner Tasse friedlich am Tisch, Bruchteile von Sekunden später liegt die Tasse auf dem Boden, und Milch ergießt sich auf Tisch, Stuhl und Olivers Oberbekleidung. Eine Nummer, die er beherrscht wie kein Zweiter, egal, welche Vorsichtsmaßnahmen ich ergreife, und ähnlich wie Copperfield bei seinen Verschwindetricks hat auch Oliver mir noch nicht verraten, wie er das macht. Immerhin trinkt er noch keinen Rotwein. Frederik ist da, was Flecken angeht, berechenbarer: Gebt dem Jungen Schokolade, und er gibt euch ein fleckiges Sweatshirt. Denn Frederik ist ein äußerst bedächtiger Esser: Mit beiden Händen hält er den Osterhasen oder Weihnachtsmann und knabbert sich langsam vor, Stück für Stück. Dass die Schokolade im Laufe des Essprozesses vom festen in den breiigen und schließlich in den flüssigen Aggregatzustand wechselt, scheint ihm nicht aufzufallen, zumindest schmälert es offensichtlich nicht seinen Genuss. Nun setzt das Zweistufenmodell ein: Stufe eins – Feuchttücher (ich bevorzuge die Aloe-Vera-parfümierte Variante), die normalerweise beim Windelwechsel zum Einsatz kommen, leisten bei Flecken aller Art hervorragende Dienste, auf Kleidung, Tapeten, Teppichen. Völlig unrepräsentative, qualitative Einzelstudien unter teilnehmender Beobachtung bestätigen das. Bei großflächigen Verschmutzungen allerdings greift Stufe 2: umziehen, Kleider in den Wäschekorb, in dem sich schon Olivers milchfleckiges T-Shirt befindet. Allzu lange sollte man das nicht sich selbst und dem einsetzenden Gärungsprozess überlassen, jeder, dem schon einmal im Hochsommer eine Milchflasche im Kofferraum (ohne Klimaanlage) ausgelaufen ist, weiß, worauf ich anspiele – das Auto kann man verkaufen (man kann es zumindest versuchen), beim Wäschekeller wird es komplizierter. Also waschen wir, 40 Grad, 60 Grad, von links, rechts, kurz kontrollieren, ob die Spielzeuge, die Oliver in der Zwischenzeit in die Trommel gesteckt hat, wasserdicht sind, und Waschmittel rein. Dabei verlasse ich mich übrigens voll auf die neuesten Errungenschaften der Forschung, wobei mir weißer als weiß im Zweifel weniger wichtig ist als die oft in Aussicht gestellte Aprilfrische. Hauptsache, ich komme dem Milchgärungsprozess zuvor.

Wenn ich die Wäsche dann aufhänge an der Leine, die von unserer Terrasse über den Nachbargarten hinüber ins angrenzende Waldgebiet reicht, meine ich oft, von weither eine tiefe Stimme zu hören, die leise »Heidi« summt. Woher sie kommt? Wer weiß.

Beziehungsweise: weißer als weiß.

F wie Flugreisen

F

Das Schöne am Fliegen ist ja, dass unter Zweijährige nichts für ihr Ticket bezahlen müssen. Nicht so schön ist, dass ich noch keinen unter Zweijährigen getroffen habe, der dieses Privileg genossen hätte. Im Gegenteil. Als ich mit Jana – damals noch ohne Kinder – über 36 Stunden nach Neuseeland flog, begleitete uns in der Economy Class ein junges Paar samt einjähriger Tochter. Schon beim Start war die offenbar nicht mit dem Flugstil des Kapitäns einverstanden und machte ihrem Unmut Luft. Was sich die folgenden 36 Stunden auch nicht merklich änderte, von ein paar – leider kurzen – Schlafpausen abgesehen. Am Ende waren die Einjährige heiser und der Rotwein in der Economy Class vergriffen.

Es ist ja auch erschreckend: mit Gurten fixiert, eingesperrt in einer Aluminiumröhre, die mit 800 km/h über den Wolken rast,

10000 Meter über dem Erdboden, angetrieben von 350000 Litern brennbaren Treibstoffs. Vielleicht sind unter Zweijährige schlicht die Einzigen, die den Wahnwitz des modernen Flugverkehrs wirklich begreifen. Wir Erwachsene sind einfach zu abgelenkt von Bordprogramm und Tomatensaft mit Pfeffer. Was nicht hilft, wenn man als Elternteil einen dieser unter Zweijährigen auf dem Schoß sitzen hat. So wie ich auf einem Flug nach Wien, es war Sommer, und es war zum Verzweifeln. Frederik war damals anderthalb. Es ist nicht so, dass wir uns nicht vorbereitet hatten: drei Milchfläschchen, Kekse, Spielzeug, Kinderfilme auf dem iPad. Aber das Flugzeug hob ab – und Frederik drehte auf. Das volle Programm: schreien, wüten, um sich schlagen.

Zeit ist ja relativ und an den Raum gekoppelt. Würden Astronauten in einer Rakete mit konstanter Beschleunigung nach Wien reisen (mit einem kurzen Abstecher über den Andromeda-Nebel, etwa zwei Millionen Lichtjahre entfernt), wären auf der Erde vier Millionen Jahre vergangen. Im Raumschiff hingegen nur 56 Jahre. Eine Verjüngungskur für Astronauten. Paradox. Ich habe es auf diesem Flug mit Frederik genau andersrum erlebt: Auf der Erde mögen gerade einmal anderthalb Stunden vergangen sein, die die Menschen in Wien sicher im Fiaker mit einem Glas Heurigen in der Mittagssonne verbracht haben. Über den Wolken allerdings, in dem Flugzeug, das unsere Kleinfamilie in die österreichische Hauptstadt brachte, vergingen die Minuten wie Tage. Film auf dem iPad? Null Effekt. Kekse? Keine Chance. Spielzeug? Landete sofort auf dem Boden. Selbst als die wirklich bemühte Stewardess eine Extraportion Schokolade lockermachte, ließ sich Frederik nicht beruhigen. Schokolade!

Als Elternteil hat man auf solchen Flugreisen zwei Dinge sicher. Erstens: das – oft mit ein wenig Häme gemischte – Mitgefühl anderer Eltern, die so klug waren, ihr Kleinkind vor dem Flug zur Oma zu geben. Und zweitens: die Missgunst aller Nichteltern. Praktisch, wenn auch etwas unhandlich, wäre an dieser Stelle eines dieser Sandwichschilder gewesen, die oft in der Fußgängerzone zur Bewerbung von religiösen Einzelmeinungen eingesetzt werden. Die Aufschrift: »Es tut mir leid«, »Wir hätten auch nicht gedacht, dass er wirklich durchschreit« oder »Nein, Oma hatte leider keine Zeit«.

Nach 56 Jahren, respektive anderthalb Stunden, landeten wir in Wien. Sobald die Räder den Boden berührten, war Frederik wie ausgewechselt, schäkerte mit der Stewardess und strahlte, den Mund schokoladenverschmiert. Zeit ist relativ, ja. Aber erst die Laune von unter Zweijährigen ...

F wie Fortbewegung

Der Spielplatz ist für Anthropologen ein überaus lohnendes Forschungsfeld: all die Mütter mit Helikoptersyndrom, Väter mit Pep-Guardiola-Ambitionen, Großmütter mit dem Versorgungsanspruch einer Gulaschkanone. Noch dringender erscheint mir allerdings ein Ortstermin des Ministries of Silly Walks. Die Behörde geht auf einen Sketch der britischen Comedytruppe Monty Python aus dem Jahr 1970 zurück. Den Briten ist allerdings zuzutrauen, dass sie die Ministeriumszweigstelle für die Förderung alberner Gänge inzwischen wirklich eingerichtet haben, Jahresbudget 348000000 Pfund, selbstverständlich mit großzügiger Förderung der EU.

Was John Cleese in dem Sketch an Beinverrenkungen auf dem Weg zur Arbeit vollführt, ist ohne Frage bemerkenswert, aber geradezu seriös im Vergleich zu den Watschel-, Schlurf- und Trippelschritten, die man an einem Nachmittag auf dem Spielplatz beobachten kann. Allein Oliver, mein anderthalbjähriger Sohn, pflegt kontextabhängig drei sehr unterschiedliche Arten der Fortbewegung. Erstens: den Zombiegang – die Arme nach vorne ausgestreckt, die Knie fast durchgedrückt. Zweitens: den Hüpfgang – mehr oder minder kontrollierter Absprung mit dem ersten Fuß, der zweite wird mit leichter Verzögerung nachgezogen (meist zu beobachten, wenn ihm Speiseeis in Aussicht gestellt wird), und schließlich drittens: die Bundeswehr-Variante. Laufen, in den Sand, Laufen, in den Sand, Laufen, in den Sand. Die Grundausbildung ist dagegen – pardon, Frau von der Leyen – Kindergarten.

Ein besonderes Faible hat Oliver in letzter Zeit für Schrägen jeglicher Art entwickelt: Kinderwagen- oder Rollstuhlrampen, Parkplatzauffahrten, was auch immer, alles mit einer Steigung von über 5 Prozent betrachtet Oliver als persönliche Herausforderung. Er erinnert dabei an die Audi-Quattro-Werbung aus den frühen 90ern – wissen Sie noch? Das Auto, das die Skisprungschanze hochfuhr? Leider hat Oliver nicht Allrad, sondern Zweibein und beklagenswerte 0 PS. Und so kommt es regelmäßig zu Szenen, die die Audi-Werbeleute damals wohl aus dem Spot rausgeschnitten hätten. Die Neigung zur Neigung muss er von seinem größeren Bruder Frederik geerbt haben. Als der – eine Woche vor seiner Taufe – mit Kleinkindern vorbehaltener Verve eine abschüssige Schotterpiste auf dem Spielplatz nahm, bremste er mit der Nase. Immerhin war die Wunde zur Taufe weitgehend verschorft, aber ich bin froh, dass das Jugendamt die Tauffotos nie zu Gesicht bekommen wird.

Inzwischen ist Frederik vier und eher auf dem Fahrrad unterwegs. Das war sein Herzenswunsch zum dritten Geburtstag, selbstverständlich mit Pedalen. Aufsteigen, Schwung holen, treten, Balance halten – ich wollte ihm das alles beibringen, lief neben, hinter, vor ihm her, feuerte ihn an, fluchte innerlich und lobte äußerlich – mein persönlicher Pep-Guardiola-Moment. Mittlerweile habe ich den Eindruck, mit dem Fahrradfahren Beibringen verhält es sich ähnlich wie bei Erkältungen – mit Vater, ähem, Arzt dauern sie eine Woche, ohne sieben Tage. Immerhin hat uns Frederiks Fahrradkunst durch die U8 gebracht: Ein Dreieck nachzeichnen? Hm. Auf einem Bein hüpfen? Ähh. Aber er kann schon Fahrradfahren! Ohne Stützräder! So schrammten wir knapp an der Physiotherapie vorbei. Kein Wunder also, dass wir Oliver schon früh ans Laufrad gewöhnen. Am liebsten lässt er sich allerdings nach wie vor im Buggy kutschieren. Der hat immerhin 1 PS. Eine Papastärke.

G wie Geburtsvorbereitungskurs

G

Natürlich gibt es Tee. Früchtetee. Dazu Vollkornkekse mit einer Konsistenz von Hartplastik. Und für jedes Paar eine eigene Gummimatte und viele, viele Kissen, rund, eckig, herzförmig. Geburtsvorbereitung, Intensivkurs, ein Wochenende, 16 Stunden, alles über Dammschnitt, PTA und zwischendurch viel Zeit zum »Sichfallenlassen«, »Erst-mal-Ankommen« und »Bewusstwerden«

Geburt, die neue Form des Achtsamkeits-Yogas. Also, erst mal ankommen. Rechts neben uns ein Pärchen mit großem Altersunterschied und mindestens ebenso großer Verpflegungstasche. Ruth und Marco. Links neben uns ein internationales Paar, er ursprünglich aus Indien, bei ihr kommt immerhin die Hose von dort, Rajid und Daniela. Ein großer Altbauraum im Hamburger Norden, draußen nasskalt, innen überheizt und etwas muffig, schließlich mussten alle ihre Winter-

Nomen est omen: **»ALTERSHEIMER«** statt Alzheimer, *eingesandt von Hans-Gerd Wilken*

Was Leserin Uta M. mit ihren Kindern an der Käsetheke entdeckt, ist faszinierend: Ich hätte auf jeden Fall gerne 150 Gramm **»Mopsarella«** (statt Mozzarella). Wuff!

Berechtigte Frage beim Anziehen: Mama, hast du meine »kastrierte Hose« gesehen? statt karierte Hose, *eingesandt von Sonja Burgauer*

Der vierjährige Frederik weiß Bescheid: Flugzeuge fliegen mit **»Kerosinen«**.

Klarer Fall von Alltagsdroge: »Süchtigkeiten« statt Süßigkeiten, *eingesandt von Judith Fulmer*

Zeit für ein Weihnachtslied: Morgen kommt der *»Schweinemann«* statt Weihnachtsmann, *eingesandt von Detlef Tredop*

Achtung, Lebensgefahr! *In der Küche der Familie Meyfarth befindet sich eine* **»WASSERMINE«** (statt Waschmaschine). Bitte weiträumig umfahren.

Wenn es mal schnell gehen muss: der Vater, der Sohn und der »eilige Geist«, *eingesandt von Leser Kai Pieper*

Ich finde Klettverschluss auch weniger elitär: **»SCHNÜRSCHNÖSEL«** statt Schnürsenkel, *eingesandt von Cindy Götze*

Entscheidend ist, was hinten rauskommt: »Popapier« statt Klopapier, *eingesandt von Leser David*

Mehr Mädchen? Oder »Mehrjungsfrauen«, *eingesandt von Anja Luther und ihrer inzwischen achtjährigen Tochter*

»Über sieben Brücken musst du gehen« – wer das gesungen hat? Ist doch klar: **»Peter Muffins«** statt Peter Maffay, *eingesandt von Familie Kocsis*

schuhe ausziehen. Und so sitzen wir nun dort, reden Belangloses und mustern die übrigen Paare, bis sie kommt. Anita. Anita ist Mitte fünfzig bis sechzig, die Falten in ihrem ernsten Gesicht erzählen von vielen wachen Nächten, ob im Kreißsaal, am Tresen oder auf der Bühne, ist schwer zu sagen. Anita, die Grande Dame der Geburtshilfe. Wenn sie spricht, tut sie es langsam, betont jede Silbe. Ich ertappe mich dabei, wie ich selbst bei Banalstem aufhorche und denke: Hoppla, das war jetzt wichtig, oder? Eine glänzende Voraussetzung für die kommenden 16 Stunden, schließlich ist der Geburtsvorbereitungskurs für Männer so etwas wie Schattenboxen. Es tut nicht weh – zumindest nicht, wenn einem wie mir nicht dauernd die Füße einschlafen vom vielen Schneidersitzen –, es hat aber auch keinen merkbaren Effekt. Männer sind bei der Geburt, sofern sie keinen weißen Kittel tragen, ziemlich überflüssig. Alle wissen das. Die Männer, die Frauen, Anita. Aber gut, dass sie wenigstens so tut, als könnten wir wirklich etwas Sinnvolles beitragen. Zum Beispiel die Sache mit dem Igelball. Schön langsam in kreisenden Bewegungen über den Rücken der Partnerin rollen lassen, dazu läuft Xavier

Naidoo, und Teelichter verströmen etwas zu aufdringlichen Vanilleduft. »Spürt in euch hinein, lasst euch fallen.« Mein Fuß ist schon wieder eingeschlafen, genau wie Ruth neben uns, war wohl eine kurze Nacht, die beiden erwarten das zweite Kind. Massage also, Anita lehrt uns, die hässlichen Stirnfalten der Partnerin auszumassieren. »Das ist ein Zeichen für Verkrampfung – und die erschwert die Geburt«, erklärt Anita. Aha. Dann im Knien mit dem Becken kreisen und dabei tiefe Töne von sich geben, sehr tief müssen sie sein, das macht die Schmerzen erträglich. Neben uns blökt Daniela, während Rajid versucht, ihre Stirnfalte auszumassieren.

Glücklicherweise ist jetzt Zeit für ein wenig Theorie: die Checkliste für die Krankenhaustasche. Im Grunde ähnlich wie beim hochalpinen Bergsteigen. Verpflegung, also Tees, Wasser, Energieriegel, Decken, Zelt, Sauerstoffmaske, Spitzhacke. Und der Fotoapparat für die ersten Bilder. Ist sie das? Die eigentliche Aufgabe, so als Mann? Die lückenlose Fotodokumentation? In acht Kapiteln für das Fotobuch aus der Drogerie, Hochglanz, gebunden, für 19,95 Euro?

»Schauen wir uns doch mal an, welchen Weg

das Kind durch den Geburtskanal nimmt«, tönt da Anita von vorne und schiebt eine schon recht abgenutzte Puppe durch einen Gummi-Beckenknochen. Das klingt surreal? Ist es auch, so genau wollte ich gar nicht wissen, wie und wo und wann das Kind überall stecken bleiben kann. Wird das Baby eigentlich ähnlich genau gebrieft? Oder hat es sich den Weg schon auf der Hinreise gemerkt?

16 Stunden später Abschlussrunde, Rajid fand es toll, Ruth und Marco auch, ich natürlich auch, den Igelball kaufen wir noch am selben Tag im Babyladen, die Arbeitszettel werden abgeheftet, die Geburtstasche gepackt. Ach ja, die Geburt: Ich habe zwei Stirnfalten ausmassiert und als ich von der Krankenhaus-Anmeldung kam, dauerte es noch zwei Minuten, bis unser Sohn auf der Welt war. Ich hab kein einziges Foto gemacht.

G wie Gehirn

G

Wollten Sie schon immer mal wissen, wie es im Gehirn eines Zweijährigen zugeht? Ich auch. Leider hab ich keine Ahnung. Oft denke ich, eine fremde, nachtaktive Spezies aus dem Andromeda-Nebel übernimmt zeitweise die Kontrolle über meinen Sohn Oliver. In anderen Momenten wirkt er wie Loriot und Charlie Chaplin in Personalunion, zumindest ist er zwischenzeitlich mein Slapstick-Lieblingskomödiant. Wie auch immer: Auch wenn ich keine Ahnung habe, wie es in seinem Gehirn zugeht – so stelle ich es mir vor:

Kinderzimmer, nachts
Wie spät es wohl ist? Dem Füllstand meiner Windel nach zu urteilen, schon zu spät. Waaaas? Schon 5.30 Uhr? Und noch kein Frühstück in Sicht? Ich werde mal Mama und Papa in ihrem Schlafzimmer aufsuchen, die freuen sich ja immer so, wenn ich unter ihre

Decke schlüpfe, sie wegziehe und mich einwickele. Moment, ich nehm noch meinen lebensgroßen Kuschelbären mit. Und ein Buch zum Vorlesen. Und mein Kissen. Und einen Schnuller. Besser zwei. Oh, jetzt ist einer runtergefallen … Ich fange jetzt besser an zu schreien, dann kommt Papa und hilft mir tragen. Papaaaaaaa! Hm. Hat er offenbar nicht gehört. Ich versuche es noch mal lauter: Paaaapaaaaaaaa! Ah, das da vorne muss er sein. Sieht fast genauso aus wie gestern Abend, nur müder. Und ich sag doch jeden Abend »Papa Bett?«, wenn wir abends zusammen lesen. Papa liest ja so gerne vor. Ich mach da immer mit, auch wenn ich das Feuerwehrbuch inzwischen echt auswendig kann. So, jetzt erst mal eine gemütliche Liegeposition finden. Auf dieser Seite ist Mamas Bein im Weg, ich versuch mal, es mit meinen Füßen wegzudrücken. Und hier liegt Papas Arm, ich dreh mich mal um. Nee, ich dreh mich noch mal um. Neeee, so auch nicht, ich dreh mich noch mal um. Und noch mal. Und noch mal. Zwischendurch Bettdecke wegziehen. Und noch mal umdrehen. Mama stöhnt. Ich biete ihr mal meinen Schnuller an.

Frühstückstisch, 7.30 Uhr
Hmmmm, Marmelade. Ich verstehe nur nicht, warum Papa die gute Erdbeermarmelade noch auf einen Toast schmiert. Ich kann die doch einfach direkt löffeln. Ich persönlich bin ja ohnehin eher so der haptische Typ. Ich fasse gerne an, was ich esse. Und wenn ich mir meine Finger so anschaue, macht das mit roter Erdbeermarmelade besonders viel Spaß. Diese geschmacklos weiße Wand hinter meinem Stuhl hab ich so schon oft dekoriert – leider zerstören Mama und Papa meine Spontankunst immer sofort. Banausen. Aber das Fingermalfarben-Kunstwerk, das ich gestern Abend an die Wand im Wohnzimmer gezaubert habe, haben sie ja noch gar nicht gesehen. Inzwischen dürfte die Farbe trocken sein. Eine Mischung aus Miró, ein wenig Paul Klee und ganz viel Bibo aus der Sesamstraße. Bin gespannt, wie sie es finden.

Kita, 11.20 Uhr
Ach Paula. Als du mir gestern verstohlen diesen roten Bauklotz rübergeschoben hast – ich weiß auch nicht, irgendetwas ist da passiert. Dabei hab ich dich nie wirklich wahrgenommen. Gut, bei der Schmausepause willst du

mir immer was von deiner Banane andrehen. Banane! Ich ess doch grundsätzlich nichts, was nicht mal vier Beine hatte. Und im Sandkasten, als ich dir die rote Schippe mit den Noppen weggenommen habe, bist du gar nicht zu Vera gelaufen, um zu petzen. Im Gegenteil, du hast mich mit deinem rosa Schnuller im Mund angesehen, mit diesem Blick, der so viel sagen könnte, irgendwie sehnsüchtig, aber irgendwie auch fordernd. Ich bin in solchen Situationen schnell unsicher. Du musst verstehen, ich bin eher so der Typ einsamer Wolf. Keine festen Bindungen, weißt du. Die Eltern, die Spielküche, die Fingerfarben – da bleibt einfach wenig Zeit für Beziehungen. Und dann auf einmal der rote Bauklotz. So aus dem Nichts. Ach Paula. Ich wünschte, wir könnten miteinander reden. Aber dafür müssten wir ja unsere Schnuller rausnehmen ...

Supermarkt, 17.12 Uhr
Gut, dann kriegt Papa eben auch einen eigenen Einkaufswagen. Ich verstehe zwar nicht ganz, wieso, schließlich würden in meinen bunten mit der Fahne doch locker alle wirklich wichtigen Sachen reinpassen: die Kekse, die Wurst und, na ja, das war es eigentlich.

Aber was Papa da immer alles kauft – der hat echt ein Messie-Problem. Ich sag noch: Hey Papa, konzentrier dich auf das Wesentliche, kauf nachhaltig, ja? Denk an die Welt, die du mir hinterlassen willst. Und trotzdem kauft er wieder Klopapier und Spülmaschinentabs. Und? Kann man die essen? Nein. Und mir könnt ihr es glauben, ich hab es versucht. Ich sehe es schon kommen, am Ende muss ich an der Kasse wieder anfangen, die ganzen unnützen Sachen aus dem Einkaufswagen rauszusortieren. Immer das Gleiche.

Kinderzimmer, 19.43 Uhr
Schon wieder das Feuerwehrbuch. Na, wenn es Papa Freude macht, ich spiel mit. Ist ja für die parentale Entwicklung total wichtig, dass er auch geistig fit bleibt. Nicht, dass er mir frühzeitig dement wird und mir nicht mehr bei den Mathehausaufgaben helfen kann. Obwohl – Mathe? Mein Papa? Na ja. In Kunst wird es ohnehin schwierig. Als Papa gerade mein Fingermalfarben-Kunstwerk im Wohnzimmer gesehen hat, ist er ganz bleich geworden. Er sollte definitiv mehr nach draußen gehen, er wirkt oft so fahrig. Aber auf mich hört er ja nicht. Ist halt auch ein schwieriges

Alter gerade, 36, in der Rushhour des Lebens, alles muss gleichzeitig passieren, Mama, Rasen mähen und dann eben noch Feuerwehrbuch. Kein Wunder, dass ihm das manchmal alles über den Kopf wächst. Aber ich kenn das schon. Ich nehm jetzt mal den Schnuller aus dem Mund, dreh mich zu ihm um, zeig ihm meine Grübchen, alle beide, und gebe ihm einen extra feuchten Kuss.

Ach, Erwachsene. So berechenbar ...

G wie Gutenachtgeschichten

G

Als ich in der zwölften Klasse im Leistungskurs Deutsch mit all den Jutetaschenträgerinnen in Retroschlaghosen über Brecht und Dürrenmatt diskutierte, war mir die allgemeine Dramentheorie sehr vertraut: Es beginnt schön ordentlich mit Stufe eins, der einführenden Exposition, die Handlung steigert sich zum Höhepunkt, ein retardierendes Moment lässt das Publikum noch einmal durchatmen, bevor schließlich alles in der Katastrophe endet. Klingt wie der Plot der Griechenlandkrise. Wobei ich mir nicht sicher bin, ob wir Stufe eins schon hinter uns haben.

Fünfzehn Jahre später sitze ich vor Frederiks Kinderbett auf einem viel zu kleinen Stuhl und frage mich, wie ich aus der dürren Gesamthandlung, die ich mir gerade im Halbschlaf zusammendeliriert habe, einen anständigen dramaturgischen Höhepunkt herleiten soll: Gut, ich könnte Albert den Adler mitsamt

Karl dem Känguru und Guido dem Gepard (was erwarten Sie, es ist die dritte Geschichte heute Abend ...) einfach über der Wüste abstürzen lassen. Wäre aber ein nur mäßig erbauliches Ende für eine Gutenachtgeschichte – und genau das erwartet schließlich Frederik, der mich mit weit aufgerissenen Augen anschaut, als wäre ich nicht ein übermüdeter Bartstoppelträger mit ähnlichem Y-Chromosom, sondern die Gebrüder Grimm in Personalunion. Mindestens.

Das abendliche Einschlafritual wird so zu einer Art Stand-up-Storytelling im Sitzen – das Publikum ist ähnlich grausam wie in einem New Yorker Club auf der Upper West Side. Es wird zwar nicht gebuht; und statt Tomaten können allenfalls Kuscheltiere fliegen. Aber die Ansprüche an Besetzung (gerne Tiere oder Astronauten, am besten beides) und Handlung (es sollte mindestens einmal pro Geschichte jemand entführt oder verzaubert werden, am besten beides), sind hoch. Und Wiederholungen gelten nicht. Und so bediene ich mich großzügig aller potenziellen Heldenfiguren, die die Zoologie so bietet: Schlangen, die im Heißluftballon um den Planeten kreisen und aus unerfindlichen Gründen alle denselben Vornamen tragen – oder ein einsamer Bär, der seit gefühlt 14 Jahren durch den Wald irrt und andere Tiere nach seinen verschollenen Eltern befragt. (Sie ahnen es schon: Die wurden entführt – und verzaubert.) Inzwischen habe ich Routine. Ich überlege sogar ernsthaft, mich mit einem Gutenachtgeschichten-Servicetelefon selbstständig zu machen: Sie schicken eine SMS mit drei beliebigen Stichwörtern an die 01805/4711; und ich liefere Ihnen eine TÜV-geprüfte Einschlafgeschichte mit Goldkante, 3,99 Euro, inklusive Mehrwertsteuer. Der Rechtsweg ist ausgeschlossen.

Natürlich schläft Frederik nie ein, wenn ich diese Geschichten erzähle. Müde wird er davon eigentlich auch nicht. Selbst wenn die Protagonisten am Ende (Stichwort: zielführend) immer zufrieden schnarchend im Bett landen. Aber wer als Elternteil denkt, bei Einschlafgeschichten gehe es ums Einschlafen, denkt sicher auch, dass die gemeine Maulwurfsgrille Maulwürfe grillt. (Sie merken schon, meine biologische Allgemeinbildung hat sich schlagartig erweitert, seit ich Kinder habe.) Nein, die Geschichten am Abend sind für Frederik wohl das Pendant zum Glas Rotwein auf der Couch. Mal runterkommen vom harten Kita-Alltag. Mal entspannen. Mal etwas Zeit mit den Eltern verbringen, die bleiben bei all den Verpflichtungen zwischen Spielplatz und Kinderturnen wirklich zu oft auf der Strecke.

»Papa, kannst du weitererzählen!«, holt mich Frederik in die Kinderzimmerwirklichkeit zurück. Und das war keine Frage. Also weiter im Text. Ich befürchte, gleich wird Albert der Adler verzaubert werden. Und mit ihm auch Karl das Känguru und Guido der Gepard. Die Frage ist nur: Vor oder nach der Entführung?

H wie Harvard

Neulich, es muss Vollmond gewesen sein, da habe ich einen Brief geschrieben:

Liebes Harvard,
es kommt sicher total selten vor, dass Dir überambitionierte Helikoptereltern (»Mein Kind ist Einstein!«) schreiben, weil sie glauben, ihr Kind sei hochbegabt und auf direktem Weg zum Nobelpreis für Plasmaphysik. Aber in diesem Fall liegt es einfach auf der Hand: Mein vierjähriger Sohn Frederik ist ein Genie. Und weil ich selbstverständlich nur das Beste für ihn will, möchte ich ihn hiermit gerne für eine Juniorprofessur, oder wie das bei Euch in Amerika heißt, vorschlagen. Das Fachgebiet ist im Grunde egal, er ist sehr breit interessiert: Medizin (er hat einen Arztkoffer und weiß ihn zu benutzen), Wirtschaftswissenschaften (er ist Keynesianer durch und durch, zumindest plädiert er vor dem Keksre-

Es gibt Situationen im Leben eines Kindes, da hilft nur eins: **»Trostbrot«** statt Toastbrot, *eingesandt von Vanessa Fabian und Familie*

Eine neue Dinosaurierart? Oder doch eher akademisch? Der **»Pofressor«** statt Professor, *eingesandt von Leserin Juliane und Sohn*

Solch innige Beziehung wünscht sich wohl jeder Printjournalist von seinen Lesern: »Mama hat eine Zeitung adoptiert«, *eingesandt von Claudia Boeing*

Muss bei schwierigen Operationen nun mal sein: die **»Vollaprikose«** statt Vollnarkose, *eingesandt von Isabel Andrade*

Schön mit Rahmsoße, Champignons und Rösti: der **»Schweinephillip«** statt Schweinefilet, *eingesandt von Leserin Simone*

Sie haben Knie- oder Fußprobleme? Und wollen das gerne auf europäischer Ebene abgeklärt wissen? Ein Fall für das **»Orthopädische Parlament«** statt Europäisches Parlament, *eingesandt von Ann-Kathrin Bergmann, die gerne mit Kindern die EU-Edition von Monopoly spielt*

Das Kind muss aus dem Ruhrgebiet stammen, der Wiege des mehr oder minder gepflegten Eckimbisses – *die dreijährige Lena Gräf forderte* als Trost für geschehenes Unheil: **»Jetzt will ich aber was aus der Pommserei!«**

Da kann man nur sagen: Bravo! **»Appeklaus«** statt Applaus, *eingesandt von Elterncouch-Fan Anne Pfeiffer und Tochter Mathilda*

Vor allem in sternklaren Sommernächten kann man ihn gut beobachten: einen **»Schnupperstern«** statt Sternschnuppe, *eingesandt von Familie Dobslaw*

Sollte neben der bösen Hexe, der Prinzessin und der guten Fee eigentlich zum Standardensemble der Gebrüder Grimm gehören: das **»Märchenschwein«** statt Meerschweinchen, *eingesandt von Leserin Verena*

Wer übel stürzt, dem droht leicht eine **»Gehirnverschüttung«**, *eingesandt von Leserin Juliane und Familie*

Das kommt davon, wenn man sein Kind mit der Grimm'schen Gesamtausgabe traktiert: **»am Schneewittchen packen«**, *eingesandt von Leser Friedrich Vorspel-Rüter* gal im Supermarkt stets für hohen Konsum) oder Biologie (er weiß, dass Maulwürfe nicht fliegen und könnte das auch beweisen). Seine Oma – sie war 42 Jahre lang Grundschullehrerin – attestiert ihm darüber hinaus exzellente Mathematikkenntnisse: So schafft er spielend den Zehnerübergang (also rechnen bis zwölf), wenn es um Bonbons geht. Und seinen Namen kann er auch schreiben, die Hälfte aller Buchstaben sogar richtig rum. Allenfalls im sportlichen Bereich gäbe es noch Nachholbedarf, aber eine gewisse Grobmotorik im Umgang mit Bällen ist ja bei Genies nicht ungewöhnlich. Konnte Einstein kicken? Eben.

Also, wenn Du Dich möglichst bald melden könntest, am besten mit einem aussagekräftigen Angebot und Gehaltsvorschlägen, würde ich mich – natürlich nur für Frederik – sehr freuen. Nur der Fairness wegen: Ich habe auch Yale geschrieben.

Dein Jonas

P. S.: Er isst gerne Smarties.

H wie Hotel

Vermutlich gibt es einsamere Orte als Hotelzimmer auf Geschäftsreisen. Den Uranus zum Beispiel. Bis dahin hat es noch nicht einmal eine NASA-Sonde geschafft. Aber Hotelzimmer in einer fremden Stadt kommen dem Uranus schon recht nahe. Im technischen Sinne ist man nicht wirklich allein – der Staubsauger, der um 7.32 Uhr den Hotelflur saugt, der Mann mit der sonoren Telefonstimme im Nachbarzimmer, die Auszubildende an der Nachtrezeption. Dann noch Kabelfernsehen, WiFi und die Bibel in der Schublade. Nicht zu vergessen die Minibar.

Aber auch ein Côtes du Rhône redet nicht. Selbst wenn man sich dazu entschließt, ihn trotz der absurd hohen Minibarpreise zu entkorken. Mehr als 14 Prozent gibt er von sich nicht preis. Und das ist definitiv zu wenig in diesen Hotelzimmernächten. Man kann jetzt die Fotos in seinem Smartphone durchblättern. Aber das ist ungefähr so, als äße ein Verdurstender Laugengebäck. Oliver beim Eisessen. Frederik beim Geschenkeauspacken. Oliver und Frederik als Feuerwehrclownpolizisten an Karneval. Jedes lachende Kindergesicht mit Spinatverzierung macht das mit der Einsamkeit nicht besser. Eher im Gegenteil.

Man kann dann telefonieren. So wie der Mann im Nachbarzimmer offenbar mit seiner Geliebten. Aber Menschen, die von Geschäftsreisen erzählen, haben nicht umsonst keine Talksendung im Radio. Geschäftsreisen heißen ja auch nicht umsonst Geschäftsreisen. Das Reisen wird klein geschrieben, das Geschäft groß. Und von Geschäften zu erzählen, ist noch langweiliger als sie zu tätigen.

Man kann Briefe schreiben. Aber Briefpapier gibt es schon lange nicht mehr in Hotelzimmern. Und selbst wenn, wem sollte man noch schreiben? Noch dazu auf Briefpapier vom Hotel Pullmann, Vollmoellerstraße 5, Stuttgart? Der Mutter? Der Frau? Und wäre das romantisch? Oder in etwa so romantisch wie Post vom Finanzamt Hamburg-Nord?

Man kann Freunde treffen, die man sonst nie sieht. Um festzustellen, warum man sich sonst nie sieht. Man kann schließlich auch zu zweit beim Bier in einer Szenebar einsam sein. Vermutlich basiert das Geschäftsmodell vieler Szenebars mit schlecht gemixten Cocktails und überteuerten Burgern auf einsamen Geschäftsreisenden.

Man kann dann schlafen. Endlich mal kein Schnulleralarm um halb drei, kein zweijähriges Bündel, das in der Bettmitte die Decke wegstrampelt. Aber das mit dem Schlafen klappt auch nicht, wenn man einsam ist. Man ist dann doch um halb vier wach und denkt darüber nach, wie einsam man ist. Gut, wer ist das nicht um diese Uhrzeit. Es gibt ohnehin gute Gründe dafür, warum man nachts um halb vier weder weitreichende Entscheidungen noch wichtige Vertragsabschlüsse tätigen sollte. Nachts um halb vier ist definitiv nicht die Frohnatur unter den Uhrzeiten.

Man kann lesen. Die Bibel in der Schublade. Oder eins der drei Bücher, die im Koffer liegen. Aber ein Buch allein im Hotelzimmer zu lesen, hat etwas von Mönch und Betzelle. Da hilft auch der Côtes du Rhône nicht.

Also liegt man da und denkt nach. Über das Leben. Über die Einsamkeit. Der Uranus ist 2,9 Milliarden Kilometer von der Erde entfernt. Ob es dort auch Hotelzimmer gibt?

I wie Inflation

I

Der Begriff Inflation wird in letzter Zeit recht inflationär gebraucht: In Deutschland zu wenig, in Griechenland zu viel, und schuld an allem ist die Europäische Zentralbank. Doch deren Politik der allgemeinen Geldschwemme nimmt sich geradezu niedlich aus im Vergleich zu der Flut der Geschenke, die Kinder im Alltag überrollt. Beim Einkaufen etwa: Die ersten 20 Meter im Innern des Kauftempels sind noch harmlos, die supermarktübliche Quengelware unmittelbar vor den Kassen ist noch weit entfernt, doch da lauert – noch vor den Frischetheken – eine Käseverkäuferin am Aktionsstand. Es gibt – man ahnt es – Käsehäppchen, pittoresk angerichtet auf einem Holzbrett provençalischer Abstammung, mit je einem Cracker und Zahnstocher. Oliver liebt Käse. Wenn Jana und mir mal ein Stück Appenzeller zu kräftig erscheint, schauen wir uns an und sagen: Den kann ja Oliver essen.

Aber es bleibt beim Aktionsstand nicht bei Häppchen – natürlich hat die freundliche Dame auch Luftballons im Angebot. Für jeden einen. Mit geschmackvollem Supermarktlogo. Es ist schwer, aber mir gelingt es schließlich, Oliver und den Käse ohne Blauhelmeinsatz voneinander zu trennen, es geht zur Wursttheke. Seit die WHO Wursterzeugnisse auch ganz offiziell zu den krebserregenden Nahrungsmitteln zählt, ist die Begeisterung für Fleischerzeugnisse im Allgemeinen und Wurst im Besonderen bei Oliver und Frederik enorm gestiegen, so zumindest mein Eindruck. Ich mache mir jedenfalls keine Sorgen, dass wir bald für die beiden vegane Tofukost zubereiten müssen. »Kriegen die beiden ein Würstchen?«, fragt die freundliche Fleischereifachverkäuferin und wedelt mit kleinen Wiener Würstchen. Sie merken schon, man spart sich das Mittagessen mit so einem Supermarktbesuch. Als ich klein war, gab es allenfalls eine Scheibe Mortadella. Und jetzt ein ganzes Wiener Würstchen. Nun, Inflation eben.

Mit voll bepacktem Einkaufswagen gelangen wir zur Kasse, wo es mit den Geschenken gleich weitergeht: »Unsere Welt«, »Star Wars« oder »Expedition ins Tierreich« – irgendein

Sammelalbum mit Stickern zum Einkleben gibt es immer. Und immer schaffen es Oliver und Frederik, dass ihnen die Kassiererin davon das komplette Restposten-Kontingent der vergangenen Woche in die Hand drückt. Und beim letzten Mal noch einen weißen Kuschelhasen. Für jeden einen. Saisonal (es war kurz vor Weihnachten) nicht gerade passend, Stichwort Restposten, aber natürlich sind Oliver und Frederik begeistert. Es gibt Supermarkttage, an denen ich gefühlt eine Extratüte nur für die Geschenke brauche.

Oder beim Kinderarzt: Der ist ein Mediziner wie für Kinder gemacht – bärig, etwas tapsig, unglaublich geduldig und nicht aus der Ruhe zu bringen. Das alles ist allerdings nicht der Grund, weswegen insbesondere Frederik jeder U-Untersuchung entgegenfiebert, als wäre es sein Geburtstag. »Wann gehen wir wieder zu Dr. Görner?« Denn am Ende jeder Untersuchung steht der Griff in die Überraschungskiste, in der nicht Bonbons, sondern Plastikspielzeuge jeglicher Couleur locken: Autos, Trillerpfeifen, Tiere. Zuletzt erbeutete Frederik so eine Actionfigur mit klebrigen Händen und Füßen, die – einmal an die Scheibe geworfen – langsam selbige herunterklettert. An so was konnte ich mich noch dunkel aus den »YPS«-Heften mit Gimmick erinnern; schneller als meine nostalgischen Gefühle sich aufbauen konnten, war die Figur allerdings wieder kaputt.

Und das ist das eigentliche Problem bei der Flut an Geschenken (und über Wahlkampfstände, Karnevalsumzüge oder den Besuch bei der örtlichen Krankenkasse habe ich ja noch gar nichts berichtet): All die Luftballons, Plastikautos, Actionfiguren und Kuscheltiere gehen kaputt. Ziemlich schnell. Oder – noch schlimmer, wenn auch nicht umweltschädlicher – sie gehen verloren. Wahrscheinlich landen sie durch ein speziell auf Kinderspielzeug fokussiertes Wurmloch in einer Paralleldimension oder auf dem Planeten, auf dem auch zweite Socken und Kugelschreiber gesammelt werden. Also, liebe Aliens, wenn ihr das hier lest: Ich wäre euch äußerst verbunden, wenn ihr beim nächsten Erdabstecher in der Area 51 den Luke-Skywalker-Sticker Nr. 17 mitbringt und das rote Plastikauto mit den aufklappbaren Türen. Die nächste U-Untersuchung ist leider erst in vier Monaten.

Kann man die bei McDonald's an der Theke bestellen? Wäre einen Versuch wert: Einmal ***»schicke Models«*** bitte statt Chicken Nuggets, *eingesandt von Julia Feldmann*

Kommt das nicht eher aus Italien? **»BRASILIKUM«** statt Basilikum, *eingesandt von Julia Penetti*

Gerade im Sommer mit Erdbeerkuchen lästig: die **»TIGERFLIEGE«** statt Wespe, *eingesandt von Hanna Semmelroggen*

Die Tochter von Max Schütz war schon früh sehr wortgewandt. Sie kannte sogar Fremdwörter: **»Das habe ich doch erotisch gemeint.«** statt ironisch

Leser Lukas Möckel arbeitet als Sozialarbeiter an Kölner Grundschulen. Was er dort erlebt: »Henry (acht Jahre) musste gegen eine Entzündung AntiBEAUTYka nehmen.«

Hatschi: *Leserin Sabine Reibeholz schreibt:* »Wenn wir in den Zoo gingen, mussten wir immer zuerst zum ›Nieshorn‹ statt Nashorn.«

Für die einen ist es bloß Traubenzucker, für die anderen **»Traumzauberzucker«**, *eingesandt von Christine Morgenstern und ihrem Sohn Felix*

Leserin Theresa Weber fährt mit ihrem zweijährigen Sohn Auto. Erstmals ist ein Navigationsgerät an Bord. Und der Sohn hat auch gleich die richtige Bezeichnung parat: **»ABBIEGEFRAU«**

Und wo ist überhaupt die **»Taschenschlampe«** statt Taschenlampe, *eingesandt von Nadine Hiepler*

Wenn die Mama Psychologin ist: **»Wie lebten eigentlich die prähysterischen Menschen?«**, *eingesandt von Leser Joachim Knoop*

Noch ein Exemplar für meine Maulwurf-Sammlung: **»MATSCHMUT«**, *eingesandt von Gerd Gaida*

Hat der was mit der EU zu tun? Vielleicht der Spitzname des Erweiterungskommissars? **»Schengen-Bert«** statt Jingle Bells, *eingesandt von Hanna Semmelroggen*

J wie Job

J

Kindertagesstätten sind Orte der kindlichen Freude. Theoretisch. Eher Orte des organisierten Wahnsinns, wenn man Erzieherinnen manchmal zuhört. Für Frederik ist das mit der Kita prosaischer: Die Kita ist schlicht sein Job. Und der einzige Unterschied zwischen meinem und seinem Job ist in seinen Augen, dass es bei mir auf der Arbeit Fahrstühle gibt. Statt Morgenkreis habe ich eben Konferenzen. Statt Bauecke eben Büro. Statt Schmausepause eben Kantine. Und summe ich ein Lied aus dem Radio, fragt Frederik: »Habt ihr das heute bei der Arbeit gesungen?«

Warum eigentlich nicht? In Japan ist es doch auch üblich, dass sich die Belegschaft morgens auf dem Betriebshof zusammenfindet, um die Werkshymne zu singen. Und einen Gruppenausflug auf den Bauernhof oder zur Feuerwehr fände ich höchst bereichernd (die dürfen da mit echten Schläuchen spritzen und

Helme aufsetzen). Bei uns gibt es allenfalls mal Feueralarm (immer nur eine Übung), und keiner trägt Helm, abgesehen von dem Kollegen aus dem zehnten Stock, der mit seiner Frisur zumindest daran arbeitet.

Und dann erst die Weiterbildungen in Frederiks Kita: Jeden Donnerstag gibt Susan (Studentin, britische Wurzeln) eine Stunde Englisch. Die Frage, ob das bei Vierjährigen denn wirklich sein muss, erübrigte sich spätestens, als Frederiks Name der einzige war, der nach einem Tag Aushang am Elternbrett noch nicht auf der Teilnehmerliste stand. Und so lernt Frederik nun zählen auf Englisch (allerdings nur rückwärts, auf Raketenstarts ist er so zumindest schon mal vorbereitet) und weiß, dass Kastanien »chestnuts« heißen. Sie merken, das Vokabular ist sehr kontextbezogen.

Richtig interessant wird es jedoch bei den Projektwochen: Neulich, in der Projektwoche Technik, hat Frederiks Gruppe ein Radio und einen CD-Player auseinandergenommen und mit einem Fachmann die Innereien untersucht. Schaltkreise, Kabel, Gewinde. Die sollten das mal auf YouTube stellen. Abgerundet wurde die Projektwoche Technik mit der

Traumreise: »Stell dir vor, du bist eine Schraube«. Kein Witz.

Erzählt hat Frederik davon mal wieder nichts. Noch ein Grund, das auf YouTube zu stellen, dann weiß ich endlich, was er in den sechs Stunden Kita eigentlich treibt. Mehr als »Gut« oder »Wir hatten heute die Bobbycars« ist nämlich auf die Frage »Wie war es denn heute in der Kita« oft nicht aus ihm herauszubekommen. Aber vielleicht geht es ihm ähnlich wie mir. Er fragt mich ja auch nicht, wie es auf der Arbeit lief heute. Und wenn, würde ich wahrscheinlich sagen »Gut« oder »Wir hatten heute Feueralarm«. Konferenzen, Mails und Projekte – lass ich alles weg. Versteht er ja eh nicht, denke ich. Und wahrscheinlich sieht Frederik das ähnlich. Englisch, Schaltkreise, Traumreisen – das versteht Papa eh nicht. Also erzählt er erst gar nicht davon. Dabei würde ich gerne von ihm lernen: Wie sieht denn ein Radio nun von innen aus? Was heißt eigentlich Schmausepause auf Englisch? Und vor allem: Wie fühlt man sich denn jetzt so – als Schraube?

K wie Kaputtmachen

Alles auf unserem schönen Planeten – mal abgesehen von Chuck Norris und der Mathematik – ist endlich, fragil, ja, kaputtbar: Die Dinosaurier waren es, die Ehen von Lothar Matthäus sind es, der Akku meines iPads ist es definitiv, und selbst die Sonette Shakespeares werden wohl irgendwann nichts weiter sein als die Ahnung längst verklungener Gedanken, denen die Größe und Kleinheit der ganzen Menschheit innewohnte.

Mir kam diese weitreichende Erkenntnis zuletzt, als ich mit meinen beiden Söhnen Frederik und Oliver mit Bauklötzen spielte. Frederik hat eine Vorliebe für sogenannte Kapla-Steine – die sind alle gleich groß, sind ganz aus Holz und sie sind viele: Wir haben Frederik die 250er-Packung geschenkt, in der Kita wird sogar mit der 1000er-Variante konstruiert. Mitgeliefert werden Bauanleitungen für Baustein-Pyramiden, Baustein-Türme oder japanische

Baustein-Pagoden. Und während Frederik die Anleitungen mit erstaunlicher Geduld und Ausdauer abarbeitet, obliegt es Oliver, die Bauwerke direkt nach der Fertigstellung – zugegeben, manchmal gibt es da ein Timing-Problem – wieder abzureißen. Wir haben ihm deshalb den liebevollen Beinamen »Godzilla« gegeben, und ähnlich wie die japanische Fantasie-Echse sorgt Oliver beim Einreißen der Klötzchentürme für die passende akustische Untermalung.

Ein Turm, der in einer halben Stunde Klotz um Klotz langsam in die Höhe wuchs, nur um im Bruchteil einer Sekunde wieder zu vergehen. Das hat so etwas Flüchtiges, ja, Kontemplatives in seiner absoluten Nicht-Nachhaltigkeit. Denn sind wir nicht alle nur Bausteine, die das Leben stapelt, um sie irgendwann einfach wieder umzustürzen? Plötzlich, ohne Ankündigung? Ich gebe zu, da stellen sich Fragen: Wer genau ist dann Godzilla? Und sind wir dann Kapla-Bausteine oder eher Lego? Aus Lego Errichtetes ist immerhin etwas langlebiger, die Steine bohren sich in den Fuß, wenn man drauftritt, und hinterlassen so wenigstens etwas Bleibendes.

Wie auch immer, in der in Elternkreisen be-

liebten Zeitschrift Nido erfreut sich seit Jahren die Rubrik »Sachen, die mein Kind kaputt gemacht hat« großer Beliebtheit. Beispiele? Da finden sich: Wecker, deren Zeiger in inniger Umarmung zwar schön, aber funktionslos geworden sind. Oder ein psychedelisch-buntes Kunstwerk aus Knete und Mamas teurer Gesichtscreme. Hätte das Zeug fürs MoMA. Oder das komplett ausgeweidete Handy, das Gero, zweieinhalb Jahre alt, aus Köln, auf der Herdplatte zubereitete. Was es wohl werden sollte? (Ohr-)Muschelsuppe? WhatsApp-Gulasch? Auf jeden Fall irgendwas zu smessen.

Nun überlege ich, welche Installation von Oliver »Godzilla« ich bei der Nido einschicken könnte. Die Klassiker – bekritzelte Wände, unser kaputtes Festnetztelefon, ein 3-D-Weihnachtskugel-Puzzle in 367 scharfkantigen Teilen – sind wohl vielen Eltern geläufig. Unsere Wohnzimmerlampe, deren Glasschirm Oliver auf dem Gewissen hat und die wir nun – voll Hipster – mit nackter Glühbirne weiterleuchten lassen?

Wahrscheinlich sollte ich Olivers Leidenschaft einfach unterstützen. Es als seine Stärke annehmen. Andere Kinder können mit drei Klavierspielen, gehen Reiten oder lernen Origami. Ich könnte mit Oliver jeden Samstag zum Wertstoffhof, Sachen zertrümmern. Später dann Sechswochenpraktikum beim Abbruchunternehmen. Schließlich: Sprengmeister, mit Diplom. Und die eigene Firma: Godzilla Inc. Ich hab mir den Firmennamen vorsichtshalber schon mal sichern lassen.

K wie Kindergeburtstag

Frederik wird bald fünf. Also, bald ist relativ, es dauert noch ein Dreivierteljahr, aber in der Welt eines Vierjährigen ist der Begriff »bald« ebenso dehnbar wie »gleich« – im Sinne von »geh jetzt gleich ins Bett« oder »räum jetzt gleich dein Zimmer auf«.

K

Bald also ist Kindergeburtstag. Und ähnlich wie man bei Hochzeiten möglichst drei Jahre im Voraus die Location bucht und die Einladungen verschickt, geht es bei uns seit Wochen nur um die Gästeliste: Sollen jetzt auch Marcel und Johannes aus der Maikäfer-Gruppe eingeladen werden? Und was ist dann mit der kleinen Ella mit den schwarzen Locken, die immer so niedlich guckt? Nein, die nicht, jedenfalls nicht, solange Frederik nur acht Kinder einladen darf. Führende Experten in internationaler Kindergeburtstagspsychologie raten ja streng davon ab, mehr Kinder einzuladen, als das Kind alt wird. Kunststück!

Wenn es nach Frederik geht, sind wir bei zwölf. Und dabei hat er Nele, die Tochter eines befreundeten Paares, die er Silvester, als sie zusammen in einem Zimmer übernachtet haben, noch heiraten wollte, nicht mal mitgezählt. Die hat allerdings ihn zu ihrem Geburtstag eingeladen. Sie ahnen das Dilemma.

Meine Frau Jana hat in dieser Sache die diplomatische Führung übernommen. Um den gordischen Knoten – mehr als acht Kinder geht wirklich nicht, meinen wir, weniger als zwölf geht wirklich nicht, meint Frederik – zu lösen, versucht sie sich in repetitiver Reflexion – einer in Diplomatenkreisen beliebten Strategie. »Sag mal, Frederik, wen willst du denn jetzt eigentlich zu deinem Geburtstag einladen?«, fragt sie ihn gefühlt jeden zweiten Tag, und Frederiks Antworten variieren auch wirklich je nach Tagesform leicht. Mal ist Ella dabei, mal Marlene, immer Konrad, aber nie Nele.

Immerhin müssen wir dieses Mal nur mit kleinen Gästen rechnen. Bei Frederiks drittem Geburtstag kam meist das eingeladene Kind plus der kompletten Familie – Vater, Mutter, Geschwisterkind, entfernte Tanten. Die galt es – und um ehrlich zu sein, war das die eigentliche Herausforderung des Tages – möglichst rasch mit Kaffee (»Och, ich nehm 'nen Cappuccino mit Milchschaum. Aber bitte Sojamilch!«) und Kuchen (»Habt ihr auch was ohne Gluten?«) zu versorgen und nebenbei ein angeregtes Gespräch zu führen (»Ja, dein neuer Job öffnet dir da sicher ganz neue Perspektiven«). Nicht einfach. Denn: Die meisten der anwesenden Erwachsenen hatte ich bis zu diesem Tag noch nie gesehen. Und jetzt saßen sie an unserem Esstisch und plauderten über Geburtsschmerzen oder gerade überstandene Krankheiten, als wären wir seit Jahren enge Freunde. Nun, Kinder verbinden. Und ich pflege in solchen Situationen ja eine ganz ähnliche Strategie und rede meistens lieber zu viel als zu wenig. Oder schreibe gleich eine Kolumne.

Ein Jahr später, zu Frederiks viertem Geburtstag kamen dann übrigens alle Kinder ohne Eltern. Bei dreien hatten wir einen Notfallrucksack (»Da ist ein Schnuller und sein Lieblingskuscheltier drin. Aber nur, wenn er sich gar nicht beruhigen lässt.«) und bei allen die Notfallhandynummer – wenn was ist. Aber was sollte schon sein? Man muss in so eine Situation gehen wie ein Tigerdompteur. Wenn der in den Käfig steigt und Angst hat, wittern das die Tiger sofort. Dann hat er schon verloren. Kinder sind da ganz ähnlich.

Und so zogen Jana und ich routiniert unser Dreistundenprogramm durch: Kuchen, Kakao, Spielen, Musik und Tanzen, Kinder anziehen, Schatzsuche draußen, Kinder ausziehen, Würstchen mit Kroketten, Ende der Veranstaltung. Allein das An- und Ausziehen der Kinder – Frederik hat im Januar Geburtstag – hat konservativ geschätzt anderthalb Stunden gedauert. Und so vergeht ein Kindergeburtstagsnachmittag wie im Flug.

»Können wir dieses Jahr wieder eine Schatzsuche machen?«, fragt Frederik. Aber natürlich. Du wirst deinen Schatz schon finden. Irgendwann. Und vielleicht ist es ja Nele.

Töröööö: **»Dickeuter«** statt Dickhäuter, *eingesandt von Leser Frederik Elting*

Simpel, aber lustig: »Meine Tochter sagte im Alter von drei Jahren ›**Klokackpier**‹ anstatt Klopapier«, *schreibt Leser Carsten Sentler*

Zwei mal drei macht vier, widewidewitt: **»Pipi Strumpflang«**, *eingesandt von Karoline Bischof*

Gibt es auf der Kirmes sicher auch: **»Zuckerratte«** statt Zuckerwatte, *eingesandt von Leser Kay Woitas samt Tochter*

Wenn die Eltern von der Arbeit erzählen: **»Paprikantin«** statt Praktikantin, *eingesandt von Leserin Meike Seiffert*

Klimaerwärmung, von Kindern erklärt: **»Da schmelzen die Polen!«**, *eingesandt von Ulrike Guenther*

Sorry, echt: *Leserin Antonia steuert dies hier bei:* »Die dreijährige Tochter Rosalie meiner Freundin sagt nicht ›Entschuldigung‹, sondern ein mit vorstehender Unterlippe zitterndes **›Schindelung‹**. Ich finde, ›Schindelung‹ ist eines der schönsten Wörter der Welt.« Finde ich auch.

Beim Stadt-Land-Fluss-Spielen: Land mit V? **»VULGARIEN«**, *eingesandt von Holm Pingel und Tochter*

Wer möchte nicht so geweckt werden? **»Papa, du musst aufstehen, der Bäcker piepst.«** *eingesandt von Annemarie*

Ein schönes Beispiel für die unter Kindern beliebte Kunstform der Lautmalerei: **»Patschbecken«** statt Waschbecken, *eingesandt von Leserin Sabine Rosnau*

Hauptsache, der Junge erinnert sich noch: **»Gehirnkirche«** statt Gedächtniskirche in Berlin, *eingesandt von Ahmed Kusserow und Neffe Timo*

Ein besonders dicker Autor? »**Schreibekugel**« statt Kugelschreiber, so gesagt *von der dreijährigen Tochter von Leserin Denise Schulze*

K wie Kinderwagen

K

Als Elfjähriger träumte ich von einem Ferrari Testarossa, 12 Zylinder, 390 PS, von 0 auf 100 in 5,3 Sekunden. Wusste ich alles, war mir aber ziemlich egal. Ich fand ihn einfach schön. Mit seinen seitlichen Kühlrippen, die an das gegelte Haar eines italienischen Eiscafébesitzers erinnerten, seinen versenkbaren Scheinwerfern, die bei mir nur als Schlafaugen firmierten, und insgesamt so flach wie ein Witz von Mario Barth. Als ich allerdings mehr über das Preis-Leistungs-Verhältnis erfuhr – neu kostete ein Ferrari Testarossa, der bis 1992 gebaut wurde, 230000 Mark, kühlte meine Begeisterung ab. Taschengeld damals: 10 Mark im Monat. Das hätte gedauert. Der Testarossa-Traum währte so nur einen Sommer. Denn: Ein Auto muss mich zuverlässig von A nach B bringen. Nicht weniger, aber auch nicht mehr.

Und jetzt stehen meine Frau Jana und ich im Babyfachgeschäft (gab es diese Ikeahaften Riesenmärkte für Kinderbedarf eigentlich früher auch schon, oder wurden die neu erfunden, als Jana zum ersten Mal schwanger wurde?) und ich denke an den Ferrari. Vor allem wegen der Preise. Ein Bugaboo mit Schwenkradfederung, höhenverstellbarem Schiebebügel in der »Andy Warhol«-Collection? 1149 Euro. Um ein Baby von A nach B zu schieben.

Nun basiert ja die gesamte kinderzubehörproduzierende Industrie auf dem simplen Mantra »Meinem Kind nur das Beste«, was als rhetorische Frage gerne von Verkäufern vorgebracht wird: Sie wollen doch nur das Beste für Ihr Kind? Nun – ja. Aber 1149 Euro für einen Kinderwagen? Ich rechnete: Würden wir im ersten Lebensjahr täglich etwa eine Stunde spazieren gehen/fahren mit unserem Päd-Ferrari, wären das netto 365 Stunden Betriebszeit. Ergibt fast drei Euro pro Stunde. Also drei Kugeln Eis (zumindest in Großstadtballungszentren). Ich war gerade dabei abzuwägen, ob das nun viel oder wenig ist und ob man stattdessen nicht besser ein Taxi nehmen könnte, als die Verkäuferin uns schon die Vorzüge des Konkurrenzmodells anpries. Abnehmbare Babyschale für den reibungslosen

Autokindersitz-Einbau – natürlich ein Witz. Wer je einen Autokindersitz einbauen musste, weiß, dass das vor allem eine Lektion in Demut ist. Nie passt es so, wie es sollte, immer ist irgendetwas zu kurz oder zu lang, und meistens regnet es, und das Kind weint herzzerreißend. Die Kosten der Konkurrenz von Inglesina: 968,80 Euro. »Inklusive Mehrwertsteuer«, flötet die Verkäuferin. Ich warte auf die Nummer mit »Nur das Beste für Ihr Kind«, doch Jana hat sich bereits entschieden und zieht mich aus dem Laden.

Bei eBay hat sie dann einen gebrauchten Kinderwagen der Marke Teutonia entdeckt, drei Jahre alt, gut erhalten, Preis 50 Euro, nur für Selbstabholer. Gut, Teutonia mag klingen wie der Name einer schlagenden Studentenverbindung. Dem Kinderwagen aber sieht man diese deutschtümelnde Konnotation nicht an, er ist dunkelblau, innen sehr weich und fährt sich wie eine dicke Limousine aus den Wirtschaftswunderjahren. Perfekt, um von A nach B zu kommen.

Vielleicht finden wir ja jetzt auch noch einen Kindersitz bei eBay. Darf man die überhaupt gebraucht kaufen? Vielleicht suche ich besser gleich das passende Auto zum Kindersitz. Ich habe mal geguckt. Einen Ferrari Testarossa gibt es bei eBay schon für 37961 Euro …

L wie Launen

L

Es gibt Menschen, die umrunden allein in einem Einbaum die Welt. Andere besteigen den Mount Everest im Prinzessinnenkostüm. Wiederum andere fahren regelmäßig mit der Deutschen Bahn, um den Kick des Ungewissen und der Gefahr zu spüren. Mir reichen Kinder. Allein die Launen: Wer denkt, die Höhen und Tiefen des allgemeinen Gemütszustandes würden erst in der Pubertät ausgelotet, also so ab zwölf, wundert sich, zu welchen Stimmungsschwankungen schon Babys imstande sind.

Ich habe neulich gelesen, dass Neugeborene bei allen Empfindungen – also etwa Hunger, Durst, Müdigkeit – davon ausgehen, dass sie augenblicklich sterben müssen, wenn ihr Bedürfnis nicht sofort gestillt wird. Deshalb das mit dem Schreien. Eine vor Jahrtausenden sicher überaus nützliche Idee der Evolution, als Erziehungsberechtigter sehe ich das inzwischen anders: Die Natur hat eben Humor. Und zwar tiefschwarzen. Der Schnuller liegt auf dem Boden? Die Windel ist voll? Und überhaupt: Irgendwas weicht vom gewohnten Schema ab? Die Reaktion folgt schnell und in der Regel mit einer Lautstärke, die einem Düsenflugzeug zur Ehre gereichen würde.

So war es bei Frederik, als er noch klein war. Inzwischen, mit vier, sind seine Launen vielschichtiger geworden: statt An/Aus gehört nun auch der angedrohte Boykott zu seinem Repertoire: »Wenn du mir nicht noch eine Geschichte erzählst, darfst du mich nie wieder ins Bett bringen!« Ich erzittere vor so viel Konsequenz und gebe natürlich nach. Ohnehin fahre ich in solchen Fällen gewöhnlich eine weitreichende Appeasement-Policy, auch bei Frederiks anderthalbjährigem Bruder Oliver. Der hat es sich seit etwa einer Woche zur Gewohnheit gemacht, seine hellgrüne Sandschaufel mit sich zu führen. Ob dort, wo er sich befindet, gerade Sand liegt oder nicht, spielt selbstverständlich keine Rolle, und so muss die Schaufel in den Hochstuhl, mit zum Zähneputzen, ins Bett sowieso. Mach ich alles mit, hätte ja noch schlimmer kommen können, wenn er zum Beispiel sein Bobbycar auserkoren hätte (pst, nicht auf falsche Gedanken bringen ...).

Es ist nicht so, dass wir nicht verhandelt hätten – aber Kinder kämpfen eben mit extrem harten Bandagen: Olivers Spezialität ist momentan die vorgeschobene Unterlippe – bis zur Grenze dessen, was anatomisch möglich scheint –, gepaart mit seinen kindchenschemagroßen braunen Augen, die sich langsam mit Tränen füllen; da ist ihm schwer zu widerstehen. Ohnehin bin ich nicht gut in so was. Wäre Härte in Erziehungsfragen ein Schulfach, wäre ich wohl der, der in der letzten Reihe sitzt und nie die Hausaufgaben hat.

Doch die Launen schlagen ja glücklicherweise auch in die andere Richtung aus: wenn Oliver etwa in seinem Kinderbettchen steht und mich so selbstvergessen anlacht, als hätte er bewusstseinserweiternde Drogen genommen (was ich ausschließen kann). Oder Frederik mich umarmt und mir mit glänzenden Augen versichert, dass ich der »liebste Papa auf der ganzen Welt« sei. Dann weiß ich: Die Natur mag tiefschwarzen Humor haben. Aber sie hat ein weiches Herz.

M wie Maschine

Mit acht wollte ich Erfinder werden. So wie Daniel Düsentrieb in den Donald-Duck-Comics, der mit dem Glühbirnen-Männchen (Ist das inzwischen eigentlich eine LED oder wenigstens eine Energiesparlampe?). Und was soll ich sagen: Heureka! Mein achtjähriges Ich wäre stolz auf mich, denn ich habe die wohl komplizierteste Maschine der Welt gebaut! Sie ist absolut einmalig, es hat Jahre gedauert, nicht mal ich weiß noch genau, wie sie überhaupt funktioniert – aber sie läuft. Sie besteht aus: meinen beiden Söhnen Frederik und Oliver, meiner Frau Jana und unserem gemeinsamen Haushalt, unseren beiden Jobs, der Kita, unseren Eltern, den Patentanten, einer Babysitterin, einer legal beschäftigten Putzfrau und einem schneeweißen Einhorn. Das Vorletzte ist natürlich ein Witz.

Am Anfang einer jeden Maschine steht ja so etwas wie eine Konstruktionszeichnung.

Wenn man sich nun Oliver, den Job oder die Babysitterin jeweils als Zahnrad vorstellt (sie merken schon, nicht alles, was schief ist, ist ein Bild), wird schnell klar, wie die wohl komplizierteste Maschine der Welt arbeitet: Unsere Babysitterin etwa holt beide Kinder einmal die Woche von der Kita ab, es sei denn, meine Mutter ist da, was oft der Fall ist, wenn meine Frau Jana auf Geschäftsreise ist. Ich wiederum bringe die Kinder dreimal die Woche zur Kita und hole sie montags ab, allerdings nicht, wenn es regnet (kommt in Hamburg übrigens seltener vor als beispielsweise in Wanne-Eickel) oder bei Sturmflutwarnung (kommt in Hamburg häufiger vor als in Wanne-Eickel); dann fahren Jana und ich zusammen mit dem Auto. Alles klar? Bisher noch überschaubar, ich weiß.

Aber es wird strapaziös, wenn nun zum Beispiel eines der Zahnräder ausfällt. Das Kind der Babysitterin ist krank, Jana ist auf Geschäftsreise, meine Mutter im Urlaub, und ich sitze ohne Handy in einer Konferenz. Oder Oliver ist krank, die U-Bahn fällt aus, das Auto springt nicht an, und das Einhorn hat frei. Oder, oder, oder. Wie fein justiert die Maschine – die andere schlicht Alltag nennen würden – eigentlich funktioniert, merke ich immer erst dann, wenn sie kaputt ist. Und dann verfluche ich mal wieder, dass ich die Gebrauchsanweisung verlegt habe. Falls es sie denn je gab.

Die dürfen ohnehin bei keinem Kindergeburtstag fehlen: **»HAPPY WÜRSTCHEN TO YOU!«**, *eingesandt von Annette Hennigs samt Tochter.*

So kann man es auch sehen: **»Oh, ein Mundpups!«** statt rülpsen, *so formuliert von der dreijährigen Tochter von Leserin Martina Widmaier*

Aus der beliebten Reihe »Falsch verstandene Liedtexte« heute: »Ihr Kinderlein kommet«. Darin heißt es ja im Original »Hoch oben schwebt jubelnd der Engelein Chor«. *Der Sohn von Leser Stefan Schmitz machte daraus die viel spannendere Variante:* »Hoch oben schwebt Josef den Engeln was vor«

Krankheiten, von Kindern erklärt: Oma ist **»dezement«** statt dement, *eingesandt von Leser Matthias Trenkle*

Go West: **»Ketchup Boys«** statt Pet Shop Boys, *eingesandt von Michael Scholz und Tochter Sina*

Liegt auch nahe beieinander:
»Stiefelvater« statt Stiefvater,
eingesandt von Leserin Mathilde Walter

Dazu passend: Wer war noch die Böse bei Aschenputtel? Genau, die »Stiefelmutter« statt Stiefmutter,
eingesandt von Anja Hofmann und ihrer zweieinhalbjährigen Tochter Franka

Sind die Gebrüder Grimm sicher schon dran:
»HANDY UND GRETEL« statt Hänsel und Gretel, *eingesandt von Leserin Jana Schober*

Klingt eher nach einer Rotlichtgröße als nach einem rotbemäntelten Wohltäter:
»Klickerklaus« statt Nikolaus,
eingesandt von Christiane von Schilling

Mmmh, lecker: **»Abschleckwagen«** statt Abschleppwagen, *eingesandt von Reiner Vogel*

Eng verwandt mit dem Vergissmeinnicht:
der »Mülleinmal« statt Mülleimer,
eingesandt von Leserin Gundula Alba

Wer hat den schon gerne im Gesicht?
»Schlabapp« statt Waschlappen,
eingesandt von Eike Vetter

N wie Notaufnahme

Natürlich ist es Samstagabend. Früher – die Römer müssen gerade Gallien unterworfen haben – sind Jana und ich an Samstagabenden was trinken gegangen, ins Kino oder gar tanzen (machen wir jetzt eigentlich nur noch auf den durchschnittlich vierzehn Hochzeiten im Sommer). Aber heute Abend sind wir mal wieder in der Notaufnahme unseres Lieblingskrankenhauses. Frederik ist hier vor vier Jahren geboren worden, Oliver vor anderthalb, und seitdem hängen wir irgendwie an diesem 70er-Jahre-Koloss, auch wenn er etwas weit draußen liegt. Ist vielleicht ein wenig wie mit Autos und den Vertragswerkstätten, irgendwie ein besseres Gefühl, auch wenn »scheckheftgepflegt« unter Eltern nicht wirklich eine Kategorie ist und auch der Wiederverkaufswert keine Rolle spielt.

Warum wir hier sind? Das Übliche. Wir waren einkaufen, und Oliver tanzte beim Parkautomaten gefährlich nahe an einem Eisengitter, als er plötzlich stolperte und sich eine Spitze des Eisengitters genau in sein linkes Auge rammte. So sah es zumindest für mich aus. Tatsächlich blieb das Auge wohl unverletzt, aber an der Stirn wölbte sich Sekunden später eine unübersehbare Beule. Und erst der Knall! Es gibt in solchen Situationen zwei Möglichkeiten – und die Entscheidung der Eltern hat viel mit Erfahrung oder den unmittelbar anstehenden Terminen zu tun. Erstens: Krankenhaus, es könnte schließlich eine Gehirnerschütterung sein. Zweitens: Eine Beule? Ach was, das hat doch jeder mal, ab nach Hause. Wie gesagt: Samstagabend, die Terminlage war übersichtlich – also Krankenhaus. Oliver hatte sich dank eines beim nächsten Bäcker erstandenen Windbeutels schon längst wieder beruhigt, und ich sorgte mich inzwischen mehr um seine vom Puderzucker verklebten Hände als um seine Stirn, als wir die Notaufnahme des Krankenhauses betraten. Jana ist in solchen Situationen großartig. Ihre Schilderung der Ereignisse in der Kombination von offensichtlicher Dramatik und abgeklärtem Understatement scheint auf diensthabende Schwestern grundsätzlich Eindruck zu machen. Und so werden wir schnell ins Behandlungszimmer durchgewinkt und warten auf den Kinderarzt. Als wir zuletzt hier saßen, hatte Frederik zur Abwechslung wirklich was. Und zwar eine heftig blutende Platzwunde kurz über der rechten Augenbraue. Die Mischung aus Kindergeburtstag, Kakao und Kellertreppe war ihm nicht gut bekommen. Wir sind dann recht überstürzt aufgebrochen, und der Zauberkleber (sicher ein Spin-off aus der Weltraumforschung) tat sein Übriges, heute ist nicht mal mehr eine Narbe sichtbar.

Als die Kinderärztin die Tür zum Behandlungszimmer aufreißt, habe ich ein Déjà-vu. Mir scheint, das ist dieselbe Ärztin, die Frederik untersucht hat, als er beim Umzug vom Sofa gefallen war. Da war er acht Monate alt. Ich hatte gerade am anderen Ende des Wohnzimmers den neuen Flachbildschirmfernseher verkabeln wollen, und Frederik wollte mir offenbar helfen – die 40 Zentimeter vom Sofa zum Parkettboden stoppten ihn allerdings jäh. Wir eilten also zum Krankenhaus, wo die Ärztin, die nun in der Tür steht, uns erst einmal beruhigte: auf den ersten Blick nichts Schlimmes, allerdings sollten wir Frederiks Pupillen im Auge behalten – ziehen sie sich bei

Licht nicht zusammen, könnte das ein Zeichen für eine Hirnblutung sein. Was für eine Nacht. Wir stellten den Wecker alle zwei Stunden und leuchteten Frederik mit einer Taschenlampe ins Auge. Nichts.

Als ich am nächsten Tag sichtlich gerädert zur Arbeit fuhr und in den Aufzug stieg, sprach mich ein etwas älterer Kollege (dreifacher Vater) an. Ich erzählte alles, er lachte und sagte: Ja, beim Ersten macht man das noch. Später dann nur noch, wenn das Gehirn zu den Ohren raustropft. So weit ist es bei Oliver diesmal übrigens auch nicht gekommen. Die Ärztin, bei der man noch den Abdruck des Kissens von der Bereitschaftsraumliege an der Wange erkennen konnte, leuchtete Oliver in alle oberen Körperöffnungen, schenkte ihm zum Abschied eine Spritze (unsere dritte) und verabschiedete sich. Ich glaube, sie hat »Auf Wiedersehen« gesagt.

O wie Otto

O

Ich war ja auch mal vier. Und ich war auch mal in der Kita. Und offenbar musste auch meine Mutter mal improvisieren (tröstliche Erkenntnis). Jedenfalls musste ich manchmal nach der Kita ins Gemeindebüro, wo unsere Nachbarin Frau Sikorski arbeitete. Ich weiß noch recht genau, wie ich auf einem Stuhl saß, den beiden Damen im Büro zusah beim, ja, was genau eigentlich, man benutzte wohl noch Tipp-Ex und Schreibmaschine, im Grunde fehlte nur Christoph Maria Herbst, der als Stromberg in diese 80er-Jahre-Büroidylle platzte. Es roch nach kaltem Kaffee und vergilbtem Papier. Und weil ich nicht den Eindruck hatte, dass die beiden Damen überarbeitet waren und auf keinen Fall gestört werden wollten (was mich aber auch nicht abgehalten hätte), erzählte ich ihnen von der Kita. Das war schnell vorbei. Also fuhr ich fort mit dem, was ich auswendig aufsagen konnte. Witze von Otto Waalkes zum Beispiel. Die hörte ich – vornehmlich sonntags auf dem leiernden Kassettenrekorder – zusammen mit meinem älteren Bruder rauf und runter: »Otto der ostfriesische Götterbote« (1979), »Hilfe, Otto kommt« (1983) oder – phänomenologisch – »Otto versaut Hamburg« (1981).

Eine Kostprobe? »›Oh mein Gott‹, ruft Mr. Reagan, ›Ich kann meinen Ronald nicht bewegen.‹ ›Nicht so schlimm‹, sagt da Chomeini, mein Ajatollah steht ja eh nie‹.« Ach, Otto. War damals aber genau mein Humor, ohne dass ich die leiseste Ahnung hatte, worauf Otto da Bezug nahm. Frau Sikorski und ihre Kollegin aber schienen die mehr oder minder leisen Untertöne durchaus wahrzunehmen und lachten. Sehr beliebt waren auch Ottos Hänsel-und-Gretel-Adaptionen moderner Popsongs. So dichtete Otto zur Melodie von Major Tom: »Völlig vollgestopft mit Pfefferkuchen, fliegt das Hänsel-el, völlig aufgebläääht«.

Wie gesagt, genau mein Humor, damals, 1983. Kinder mögen eben Lieder mit komischen bis absurden Texten, was auch die Begeisterung erklärt, mit der sich mein vierjähriger Sohn Frederik inzwischen Hits aus dem

Ballermann- und Après-Ski-Genre zuwendet: Laut rezitiert er auf dem Nachhauseweg »Da hat das rote Pferd sich einfach umgekehrt und hat mit seinem Schwanz die Fliege abgewehrt«. Sie ahnen die milden bis mitleidigen Blicke der entgegenkommenden Passanten. Auch das »knallrote Gummiboot« hat Frederik kennen- und lieben gelernt, fragen Sie nicht, wo; mit dem Beginn der Kita-Zeit haben Eltern die Kontrolle über Ernährung, Bildung und geistige Fortentwicklung ihrer Kinder verloren.

Soziologisch gesehen scheinen mir die beiden großen gesellschaftlichen Institutionen Kita und Ballermanndisco ohnehin ähnlicher als auf den ersten Blick ersichtlich: In beiden ist es in der Regel viel zu laut, keiner will dort Mittagsschlaf machen, und im Grunde wird in beiden - zumindest musikalisch - ein grundsolider Dadaismus gepflegt, totale Individualität und statt Ordnung, Disziplin oder Moral eben das »rote Pferd«. Eigentlich genau das, was man sich als moderner Erziehungsberechtigter für seine Kinder wünscht. Wenn es doch bloß nicht so furchtbar klingen würde.

Und so versuche ich, Frederiks - hoffentlich temporäre - Leidenschaft für derartige Musik zumindest nicht noch zu fördern. Doch da hatte ich die Rechnung ohne meinen älteren Bruder gemacht. Ich hatte ihn, Frederik und das iPad nur eine halbe Stunde allein gelassen, da überraschte mich Frederik mit einer Hänsel-und-Gretel-Adaption auf der Basis von Helene Fischers Volksfest-Stampfer »Atemlos«. »Atemlos durch den Wald, und im Wald ist's arsch-en-kalt«, sang er und strahlte mich an: »Das ist von Otto!« Und ich sitze wieder im Gemeindebüro bei Frau Sikorski, es riecht nach Kaffee und vergilbtem Papier. Ach, Otto.

P wie Paparazzo

Ach, Kafka. Litt zeitlebens unter Versagensängsten. Hatte einen ziemlich langweiligen Job in der »Arbeiter-Unfall-Versicherungs-Anstalt für das Königreich Böhmen in Prag«. Und vertraute das alles seinem Tagebuch an. Der Arme. Hatte offenbar kein Smartphone.

P

Wenn ich den Fotospeicher meines Mobiltelefons durchgehe, reise ich im Zeitraffer durch die letzten Jahre. Ein Tagebuch in Bildern. Und was dabei unweigerlich auffällt: Glaubt man meinem Smartphone, war mein Leben früher von Partys und Reisen bestimmt: Massenselfies mit Bier, Jana am Strand von Neuseeland. Doch dann, es ist ziemlich genau vier Jahre her, übernimmt plötzlich ein rosiges, etwas speckiges Wesen mit dunklem Haarflaum die Herrschaft über meinen Fotospeicher – und hat sie seitdem nicht wieder abgegeben. Frederiks erstes Lächeln, Frederik beim Zähneputzen, Frederik auf dem Karussell. Zwei

Jahre später dann: Oliver im Garten, Oliver und Frederik beim Familientreffen, Oliver und Frederik an Weihnachten. Allerdings nicht so geordnet, wie sich das jetzt anhört: Von jedem Motiv habe ich etwa fünf bis zehn Variationen, Oliver und Frederik lächeln, lachen, blödeln oder schmollen, egal, ich halte drauf.

Wenn ich mir allein die Fotos der letzten Woche anschaue, wird mir bewusst: Ich bin ein Papa-Razzo. Und zwar ein ziemlich aufdringlicher. Die Stars, die ich mit meiner Kamera stalke, haben zwar weder einen Plattenvertrag (noch nicht, ich arbeite dran) oder in einem Hollywoodfilm mitgespielt, dafür sind sie - meistens zumindest - besser gelaunt, wenn ich sie fotografiere. Oliver intoniert in diesen Momenten immer »Pagettiiii«, posiert für eine halbe Sekunde und möchte dann das Bild sehen. Frederik wiederum steht auf diese Bildbearbeitungs-Apps, mit denen man sich Zylinder aufsetzen, Schnurrbärte ankleben oder Brillen aufsetzen kann. Noch sehen seine Bearbeitungsexperimente etwas unbeholfen aus. Aber ich gebe ihm noch ein paar Jahre, dann wird er mir graue Haare und Bauchansatz wegretuschieren können.

Dann sind er und sein Bruder sicher bald aus dem Haus. Und Jana und ich sind allein. Mit dem Smartphone. Was ich dann wohl fotografieren werde? Mein Mittagessen? Oder ich les mal wieder was. Vielleicht was von Kafka.

P wie Pekip

Es herrschen gefühlt 40 Grad und 90 Prozent Luftfeuchtigkeit, (fast) alle sind nackt, und im Hintergrund läuft Musik. Kein unangenehmes Szenario, stellt man sich jetzt einen karibischen Strand samt Cocktailbar vor. Die Situation wird allerdings entzaubert, sobald Nina die Stimme erhebt – wobei erheben ja eine gewisse Modulationsfähigkeit voraussetzen würde. Die aber ist bei Nina schwer auszumachen, sie näselt auf gleichbleibend hohem Tonniveau, was nicht nur mir, sondern auch den übrigen Männern um mich herum aufzufallen scheint.

»Guten Morgen, ihr Väter!« Meine Frau Jana hatte mich schon gewarnt, aber es gibt Dinge, die muss man selbst erleben. Zum Beispiel: einen Kurs nach dem Prager Eltern-Kind-Programm, kurz Pekip, acht Männer, acht Kinder und eben Nina, versammelt im aufstrebenden Hamburger Szeneviertel Barmbek in einem Ladenlokal von 20 Quadratmetern. Es wird also kuschelig. Während die Väter hier im überheizten Laden schwitzen, treffen sich die Mütter, die sonst hier normales Mütter-Pekip machen, eine Straße weiter zum Frühstück – und lachen vermutlich über uns. Die Idee hinter Pekip: Gruppenarbeit von Eltern mit ihren Kindern im ersten Lebensjahr, um sie im »sensiblen Prozess des Zueinanderfindens zu unterstützen«. Nicht weniger als das also.

Und deshalb sitzen ich, Mark, Jochen, Matthias, die restlichen Namen hab ich seit der Vorstellungsrunde schon wieder vergessen, mit Socken im Schneidersitz um eine Matte herum und schauen unseren nackten Kindern beim Spielen zu. Zu viel sollte man von diesem »Spielen« allerdings nicht erwarten, die meisten Babys liegen recht immobil auf dem Rücken und gucken ähnlich begeistert wie ihre Väter. Die Kinder sind übrigens nackt, um das Körpergefühl der Kleinen zu verbessern, und schon startet die erste Disziplin: Ein großes Seidentuch wird über den Babys ausgebreitet, die glucksen, und die Väter sollen dazu ein Lied singen. Nina singt schrecklich, hat den Text aber natürlich voll drauf, ich komme mir vor wie früher im Schulorchester, ich hab nämlich nicht geübt. Den anderen Vätern geht es offenbar genauso, den Raum erfüllt nach wie vor nur Kinderglucksen und Ninas schiefe Stimme.

Matthias springt auf, sein Kind hat vor lauter Begeisterung auf die Matte gepinkelt. »Überhaupt nicht schlimm, schau, da steht ein Eimer mit Spülwasser und Lappen«, dirigiert ihn Nina und setzt ihren Gesang fort. Frederik scheint inzwischen Kontakt zu seiner Nachbarin aufnehmen zu wollen. Die guckt ihn mit sehr großen dunklen Augen an, was Frederik dazu animiert, sich sicherheitshalber erst mal auf sie zu werfen. Ich versuche, die beiden zu trennen, inzwischen haben zwei Kinder angefangen zu weinen, Hunger wahrscheinlich, eine volle Windel kann es ja nicht sein. Das Kind von Jochen gibt die Milch, die es gerade getrunken hat, gleich wieder von sich, und Frederik robbt schon wieder zu seiner Nachbarin. Es sind gerade einmal vier Minuten vergangen.

Findet man die im Zoo oder auf dem Bauernhof? »Pungu-Huhn« statt Pinguin, *eingesandt von Leser Michael Leymann*

Frechdachs ist ein schwieriges Wort. *Und so begrüßte die kleine Tochter von Leserin Simone Siebert ihren noch kleineren Bruder in der Kita mit den jovialen Worten:* »Na, du kleiner Drecksack!«

Daumen nach oben: »Meine Tochter sagt immer »Brustanhalter« zum BH«, *schreibt Leserin Anja Uhmann*

Wohl bald im Tiefschlaf: »Mein Enkel sagt, er wolle noch nicht schlafen gehen, er sei ›todfit‹«, *schreibt Leserin Bettina*

Wo kann man die kaufen? Im Internet? **»Pornflakes«** statt Cornflakes, *eingesandt von Zorah Bonnin*

Was Kinder eben so mögen: **»Papa, ich hätte gerne Milchscheiß mit Affenmus!«** statt Milchreis mit Apfelmus, *eingesandt von Roland Hahn und seinem dreijährigen Sohn Julius*

Absolut kein Leisetreter: **»STAMPFKAMEL«** statt Trampeltier, *eingesandt von Thomas Walter und fünfjähriger Tochter*

Was Leserin Stefanie Wendland mit ihrem Nachwuchs erlebt hat, bleibt wohl wenigen Eltern erspart: **»Kackastrophe«** (für eine durchfallverursachte Katastrophe, die eine nächtliche Runderneuerung von Kind und Bett erforderlich macht)

That's what it's all about: **»UNITED STEAKS OF AMERICA«**, *eingesandt von Ulrike Ganz und ihrem fünfjährigen Sohn*

Wo wohnt der amerikanische Präsident? Na? Natürlich – in **»WURSTSCHINKEN«** statt Washington, *eingesandt von Leserin Ulrike Ganz*

Beim Basteln: **»Mama, ich brauche dringend Eulenkleber!«** Gemeint war Uhu, *eingesandt von Leserin Alexandra Zill*

Gehören auf jeden Hotdog, gerade in der Schnupfenzeit: **»Rotzzwiebeln«** statt Röstzwiebeln, *eingesandt von Elke Neumann*

P wie Pünktlichkeit

Ich habe kürzlich ein Interview mit dem Bahnmitarbeiter Rüdiger Weiß gelesen, der die Fahrpläne für das gesamte Streckennetz Deutschlands erstellt. 39000 Züge, jeden Tag, Güterzüge, ICEs, Regionalbahnen. »Eine Herausforderung ist, dass ein ICE viel schneller fahren kann als ein Güterzug. Wir müssen die Züge so planen, dass sie sich nicht gegenseitig ›ausbremsen‹.«

P

Regelmäßige Fahrgäste der Deutschen Bahn werden jetzt treffend bemerken, dass sich diese besondere Herausforderung von Herrn Weiß auch ganz praktisch auf die Pünktlichkeit der Züge auswirkt. Aber: Was soll ich sagen? Ich kann den Mann so gut verstehen. Mit einer Einschränkung: ICEs habe ich nicht in meinem Fuhrpark. Allenfalls zwei Bummelzüge, jeweils einer davon auch gerne mal mit Lokschaden. Gerade morgens ist die Taktung bei Frederik und Oliver eng: Ich bringe die beiden dreimal die Woche zur Kita, das bedeutet, wir müssen gleichzeitig das Haus verlassen, wenn möglich vollständig bekleidet. Erschwerend kommt hinzu, dass wir die U-Bahn erwischen müssen, genauer gesagt sogar eine bestimmte U-Bahn, damit mein fragiles Zeitplanungskonstrukt nicht in sich zusammenfällt wie die abenteuerlichen Bauklotztürme, die Oliver gerade so gern aufstapelt.

Natürlich kann sich Frederik mit vier Jahren selbst anziehen. Theoretisch. Denn können ist nicht gleich machen und schon gar nicht gleich wollen in der Welt eines Vierjährigen. Im Gegenteil, gerade, wenn es pressiert, wird Frederik gerne grundsätzlich, verträumt oder beides und konfrontiert mich mit Fragen à la: »Papa, sind eigentlich alle Stiefmütter böse?« Und da er nicht multitaskingfähig ist, bleiben die Schuhe bis zur Beantwortung der Frage unangezogen, wie auch Jacke, Mütze oder Schal.

Sein kleiner Bruder Oliver hingegen ist überaus zuvorkommend: Schon bei bloßer Erwähnung der Keywords »Kita«, »Es geht los« oder schlicht »So« eilt er im Watschelgang zur Garderobe, fischt Frederiks Schuhe aus dem Fach und balanciert sie zu seinem großen Bruder, der zu diesem Zeitpunkt meist noch in seinem Zimmer Hörspiele hört. Dann folgen meine Schuhe und schließlich seine eigenen. Ich weiß nicht, warum er gerade diesen pawlowschen Reflex entwickelt hat, vielleicht hat er einen Schuhfetisch, vielleicht ein Helfersyndrom, vielleicht beides. Aber es beschleunigt den Prozess ungemein.

Mit Buggy (Oliver) und Fahrrad (Frederik) geht es zur U-Bahn-Station, die letzten Meter gerne im Laufschritt, es sind diese Momente, in denen meine Gedanken kurz abschweifen und um ein Zweitauto kreisen. Zumindest bis zur Treppe in der Station (32 Stufen, so hat Frederik zählen gelernt). Denn die stellt mich allmorgendlich vor eine Art Gefangenendilemma: Erst Oliver und Frederik runterbegleiten, dann noch mal hoch und Buggy und Fahrrad tragen? Oder die Kinder erst beide oben stehenlassen? Oder Oliver tragen, Frederik unten stehen lassen und dann mit Oliver noch mal hoch, um den Buggy und das Fahrrad zu holen? Nächstes Jahr soll hier angeblich ein Aufzug gebaut werden, ich rechne allerdings nicht vor 2045 damit, und dann sind es wahrscheinlich Frederik und Oliver, die mich die Treppe runtertragen müssen.

Rein in die U-Bahn, zwei Stationen fahren, raus aus der U-Bahn und auf zur Kita, wo ich auf Socken (striktes Schuhverbot) erst Frederik (bei den Raupen), dann Oliver abliefere (bei den Maulwürfen – ich warte auf den Tag, an dem sich eine Kita-Gruppe mal nach einem Tier benennt, das nicht diese oberflächliche Niedlichkeit ausstrahlt – die Kanalratten oder die Kellerasseln wären doch nett, beides hochnützliche Tiere). Wenn ich mir hastig – ich muss schließlich die nächste U-Bahn zur Arbeit erwischen – die Schuhe anziehe, treffe ich meistens Matthias, den Vater von Johannes, der seinen Passat direkt vor der Kita parkt, herein- und wieder herausschlendert und dabei so entspannt aussieht wie beim Hatha Yoga. Ich sehe ihn an, grüße freundlich, lächle, aber ich denke an Herrn Weiß, den Fahrplanchef der Bahn. 39000 Züge oder zwei Kinder – nie pünktlich sind beide. Und doch werden Herr Weiß und ich morgen wieder aufstehen. Herr Weiß für seine ICEs. Und ich für meine zwei Bummelzüge.

Q wie Qualitätswindeln

Es gibt Dinge, die will man gar nicht so genau wissen. Wenn etwa der Mitfahrer in der U-Bahn am Handy mit seiner Freundin die Supermarkt-Einkaufsliste durchgeht, wenn der Kollege über die Symptome seiner Gürtelrose räsoniert oder die Kollegin von den Höhe- und vor allem Tiefpunkten ihrer Asienreise erzählt. So genau – wie gesagt – will und muss man das gar nicht wissen. (Verstehen Sie das auch als Warnung: Wenn Sie weiterlesen, werden Sie es mit Details zu tun bekommen, noch dazu zum Thema Windeln – eine Kombination, die nicht allen behagt.)

Und so reagierte ich auch, als vor der Geburt unseres ersten Sohnes Frederik eine Freundin in schillerndsten Farben ausmalte, wie sich Babys, diese niedlichen kleinen Bündel Lebensfreude, gerne »bis zum Hals« einschietern. (Das Wort ist eine hanseatische Spezialität und gefällt mir zur Bezeichnung des

Unvermeidlichen weit besser als alle lautmalerischen Alternativen.) Bis zum Hals? A) So genau wollte ich das, Sie wissen schon. B) Klar, bis zum Hals. Und die Babys bringt der Storch. Nun, dann wurde Frederik geboren. Und schon bald wurde ich Zeuge, was »bis zum Hals« wirklich bedeutet. Alles im unteren Lendenbereich hätte ich ja rein anatomisch noch nachvollziehen können. Aber Spuren fanden sich buchstäblich noch am hinteren Haaransatz. Trotz Windel! Sein Bruder Oliver hat zumindest das Timing perfektioniert: In der Sekunde, in der ich mir die Schuhe anziehe, um die beiden zur Kita zu bringen, geht es los. Oliver schaut mich versonnen an, begleitet von eindeutigen Geräuschen aus der Leibesmitte. Immerhin kündigt er es an – und so ergeht es mir wenigstens nicht so wie einem befreundeten Kollegen. Der nennt seinen Sohn Theo nur noch Theodor Fontäne. Wem die Fantasie fehlt, sich vorzustellen, warum, hat wahrscheinlich noch nie einem Kind die Windeln gewechselt, das sein Geschäft noch nicht ganz abgeschlossen hatte – sagen wir: im hohen Bogen. Was an das unvergessene Paul-Breitner-Bonmot erinnert: »Dann kam das Elfmeterschießen. Wir hatten alle die Hosen voll, aber bei mir lief's ganz flüssig.«

Da hätte wohl auch keine Windel geholfen. Schon gar keine Stoffwindel: Die lernte ich kennen, als ich als 13-Jähriger einmal für eine halbe Stunde auf das Kind einer Nachbarin aufpassen sollte. Die Mutter wechselte vorher noch die Windel – eine dieser besagten Stoffwindeln. Neben dem Wickeltisch hatte sie eine Tonne, wie sie in Fabriken zum Einsatz kommt, mit Deckel. Als sie ihn öffnete, um die Windel zu entsorgen, erfüllte den Raum eine Brise, deren Odeur schwer zu beschreiben ist. Wohl für solche Gerüche wurden Wörter wie Pestilenz erfunden. Die Stoffwindeln – die Mutter setzte sie aus ökologischen Gründen ein – wurden von einem Unternehmen regelmäßig abgeholt, gewaschen und wiederverwendet, deshalb die Industrietonne neben dem Wickeltisch.

Das eigentliche Problem jedoch: Die Windeln waren nicht dicht. Allein an dem Tag, an dem wir zu Besuch waren, wurde die Kleine viermal umgezogen. Denn bei jedem Wickelvorgang waren Body, Hose, Pullover verschmiert. Nun ja, so genau wollen Sie das sicher nicht wissen. Diese Erfahrung im Hinterkopf argumentierte ich jedenfalls klar gegen Stoffwindeln, als wir uns im örtlichen Babymarkt vor der Geburt mit dem Nötigsten eindeckten. Meine Frau Jana – das ökologische Gewissen der Familie – war da nicht so sicher, aber ich konnte mich durchsetzen. Schließlich muss es einen Grund geben, weswegen sämtliche Babystationen in Geburtskrankenhäusern auf Markenwindeln setzen. Die mögen zwar Plastik, Schwermetalle und Asbest enthalten, aber hey, sie halten dicht. Zumindest in den allermeisten Fällen.

Eine Faustregel für die wenigen Ausnahmen ist: Es passiert immer dann, wenn du keine Ersatzwindel dabeihast. Und meistens ist es dann auch noch ein klarer Fall von »bis zum Hals«. In solchen Situationen gibt es im Grunde nur zwei Optionen: Man kann sich weinend auf den Boden werfen und so lange wimmern, bis sich alles von selbst gelöst hat – funktioniert bei Kindern schließlich auch hervorragend. Oder man schnorrt wildfremde Menschen mit Kindern um eine Windel an. Hat man Glück, fragt die fremde Mama schlicht: Dreier oder Vierer? Hat man Pech, sagt sie: Ich hab nur Stoffwindeln, ist das o.k.? Nun ...

R wie Reisen

»Eine Reise ist ein Trunk aus der Quelle des Lebens«, schrieb einst Christian Friedrich Hebbel, Schöpfer des bürgerlichen Trauerspiels *Maria Magdalena* und der Siegfried-und-Kriemhild-Soap *Die Nibelungen* (keine Angst, ich kenne den Mann auch nur aus dem Deutschunterricht, zehnte Klasse).

Es ist anzunehmen, dass Hebbel seine zahlreichen Wanderungen durchs biedermeierliche Deutschland allein unternahm. Denn das Resümee seiner Reisen hätte sich wohl merklich eingetrübt, wäre er von meinen Kindern begleitet worden. Ob nun beim Fußmarsch von München nach Hamburg im Jahr 1839, den er ohne Proviant bestritt, bei seinem Trip zum dänischen König Christian VIII. nach Kopenhagen – oder im Kinderabteil der Deutschen Bahn.

Die Idee eines Kinderabteils an sich ist großartig, genau wie Kinderfahrkarten, Spielzeug-

Ahoi, Captain Jack Sparrow:
»Fluch der Keramik«
statt Fluch der Karibik,
eingesandt von Irene Toeller

Hat auch was mit Meer
zu tun: »Schiffstäbchen«
statt Fischstäbchen,
eingesandt von Leserin
Irene Toeller

Ist doch logisch:
»ohrenblind« statt
taub, *eingesandt von*
Hans-Georg Breitinger
und Tochter Maren

Die sind ja schon in der Luft ziemlich
störend: »Schwimmwespe« statt
Schwimmweste, *eingesandt von Olaf*
Schuldt

Speedy Gonzalez – das war doch? Richtig:
»DIE SCHNELLSTE MAUS IM LEXIKON«
statt Mexiko, *eingesandt von Harald Hielscher*

Stimmt ja auch irgendwie:
»REIZVERSCHLUSS« statt
Reißverschluss, *eingesandt*
von Leser Ulrich Nover

Tuuuuuut. Tuuuuut. Tuuuuut:
»HALLOFON« statt Telefon,
eingesandt von Michael Müller

Kinder denken auch immer nur an Süßigkeiten:
»Meine kleine Tochter besuchte gerne ihre Freundin in der Martin-Lutscher-Straße«,
schreibt Leserin Ulla Schmidt

Hauptsache, es hilft: »Antiblödikum«
statt Antibiotikum, *eingesandt von Leserin Heike Schulze und Sohn Benjamin*

Nase zu: *»Papa, fahren wir zur Stanktelle?«*
statt Tankstelle,
eingesandt von Leser Peter Rettinghausen

Und wie heißt eigentlich Willy mit Nachnamen?
»Biene Meier« statt Biene Maja, *eingesandt von Leserin Almut Lamping*

Bellt sicher in extrem hoher Tonlage:
Der »SCHRILLKÖTER« statt Schildkröte,
eingesandt von Claudia Schulz und Familie

ICEs und Geschenkmalbücher. In Kombination mit dem Proviant, allen mitgebrachten Pixi-Büchern, Plastikbaggern, Kuscheltieren, Modellautos und den Tonnen von Duplosteinen sind Oliver und Frederik damit immerhin eine halbe Stunde beschäftigt. Zieht sich die Zugfahrt allerdings wie vor Kurzem insgesamt viereinhalb Stunden lang hin, tun sich Abgründe auf. Während viele Mitreisende entspannt Bücher lesen oder auf dem iPad einen Film gucken, pendele ich mit Oliver und Frederik zwischen Bistro-Wagen (»Unser Backofen ist kaputt, wir haben nur Chili con Carne«), Toilette (keine Papiertücher mehr zum Händeabtrocknen da) und Abteil (»Pahhpaa, wann sind wir endlich daha?«), schlichte, beruhige und bespaße die beiden, so gut es eben geht auf 3,7 Quadratmetern, die mit 200 km/h (abschnittsweise gerne auch Schritttempo) durch die Republik rasen.

Dabei ist zumindest Frederik Profi. Bereits im Alter von einem Jahr ist er mit mir mitten in der Woche von Hamburg nach Berlin gefahren. Ich wollte dort meinen besten Freund besuchen, es war Winter, wir waren deshalb alle gemeinsam im Naturkundemuseum und sind abends mit dem heillos überfüllten ICE zurück nach Hamburg gefahren.

Damals hatten Geschäftsleute noch Laptops, die sie vor sich auf ihren Klapptischchen arrangiert hatten. Gefühlt jeder Einzelne in dem Großraumabteil, in dem auch Frederik und ich saßen. Frederik watschelte zwischen den Sitzen umher und zupfte an den Computermauskabeln, rechts, links, rechts, links, mit der Ausdauer eines Industrieroboters, der bei VW am Band Schraubmuffen eindreht. Die strengen Herren lächelten zwar milde, doch kaum hatte ich Frederik wieder eingefangen, zappelte und protestierte er so lange, bis ich ihn freigab. Dann ging es wieder los: rechts, links, rechts, links.

Es war eine sehr lange Stunde, gefolgt von schier endlosen zweiundvierzig Minuten. Und nun sind wir sogar doppelt so lange unterwegs.

Früher habe ich das Reisen oft mehr genossen als das Ankommen: in Ruhe lesen, rausgucken, schlafen. Schon Hebbel sind die besten Ideen ja unterwegs gekommen.

Aber jetzt hat Frederik endgültig die Lust an den Duplosteinen verloren, Oliver schon wieder die Windel voll, und der Zug stoppt auf offener Strecke: Signalstörung. In diesem

Moment – ich bekenne es – würde ich, *Maria Magdalena* hin, Siegfried und Kriemhild her, liebend gern auf Hebbels wertvollen Beitrag zur Literaturgeschichte verzichten – wenn er sich stattdessen um meine Kinder kümmert. Wenigstens ein Pixi-Buch lang.

S wie Sprache

Welch Zauber wohnt doch dem ersten Wort inne! Und erst die Kreativität der Eltern, dieses selbst aus den unverständlichsten Lautäußerungen herauszuhören! Beziehungsweise zu interpretieren. Ich meine, bei Oliver mit knapp elf Monaten das erste »Heiiiß« wahrgenommen zu haben. Zugegeben, er kultivierte schon damals einen charmanten S-Fehler, der wohl dänischen Prinzessinnen und zahnlosen Anderthalbjährigen vorbehalten ist, deswegen bin ich mir nicht so sicher. Bei seinem großen Bruder Frederik war es – ziemlich unmissverständlich – ein klares »Nein«. Was das über seine Lebensgrundeinstellung aussagt, sei dahingestellt – aber seitdem arbeiten beide daran, ihren Wortschatz Tag für Tag zu vergrößern.

S

Es liegt ja auch noch ein langer Weg vor ihnen: Ich las neulich, dass ein Linguist 5,3 Millionen deutsche Wörter gezählt hat. Im Duden sind davon allerdings nur 135000 gelandet, zum Standardwortschatz zählen wiederum nur 70000 – und viele in die Jahre gekommene Worte werden wohl bald aussterben: Ich ahne, dass ich mich mit Frederik und Oliver in Zukunft eher selten über das »Gabelfrühstück«, die »Zwille« oder den »Haderlump« unterhalten werde. (Oder? Zeitsprung ins Jahr 2025: »Frederik, du Haderlump! Leg beim Gabelfrühstück gefälligst die Zwille beiseite!« Nun ja.)

Um dem drohenden Wörterschwund etwas entgegenzusetzen, hätte ich einen pragmatischen Vorschlag: Nach dem Jugendwort (2015: »Smombie«) und dem Unwort (2015: »Gutmensch«) plädiere ich dafür, ein Kinderwort des Jahres zu küren und ganz offiziell in den Duden aufzunehmen. Und ich hätte sogar schon ein paar Vorschläge. Frederik etwa operierte mit zehn Monaten bereits mit beachtenswerten Fantasiebegriffen. Wie einen Schlachtruf stieß er auf dem Spielplatz gerne »Nullubaby« hervor und konnte sich kaputtlachen, wenn wir Erwachsenen durch Befragung versuchten herauszufinden, wer, wo oder gar was hinter diesem »Nullubaby« steckte. Als er heranwuchs, verfeinerte sich sein

Sprachvermögen, und er erfreute uns mit frischen Neuinterpretationen: Lampentasche statt Taschenlampe etwa. Oder – ziemlich politisch: »PKK« statt Paprika. Oder: »Sambalamba« statt Salamander. Hört sich nach einem Sommerhit von Lou Bega an, ich weiß. Seinen Freunden war er mit dieser Form der biologischen Vorbildung zumindest hoffnungslos unterlegen. Als ich ihm und einem gleichaltrigen Kita-Kind eines dieser pädagogisch wertvollen *Unser Wald*-Bücher vorlas, erklärte mir – und dem staunenden Frederik – der kleine Mitleser jedes Tier. »Frosch«, sagte er etwa. Nur um mit einem Kopfschütteln nachzuschieben: »Nein – Laubfrosch!« Frederik hingegen bezeichnete den Kleinen Maulwurf als »Waufel«, fürchtete sich bei Hänsel und Gretel vor der »bösen Ssexe«, aß morgens gerne »Hafersocken« und feuert bei Länderspielen immer Manuel Neuer an, den »Torbart«.

Wenn also in Zukunft das »Kinderwort des Jahres« prämiert wird, steht mein persönlicher Preisträger schon jetzt fest. Und vielleicht verrät er uns auf der Preisverleihung dann auch endlich, was das eigentlich heißt: Nullubaby.

P.S.: Haben Sie auch ein Kinderwort des Jahres? Eins, das ich noch nicht kenne? Verraten Sie es mir doch unter kinderworte@spiegel.de.

S wie Star Wars

Haben Sie vielleicht die Katze gesehen? Gucken Sie noch mal genau nach! Sie rutscht manchmal in die Ritzen von Polstermöbeln, verschwindet im Fußraum des Autos oder Oliver steckt sie in seine Jackentasche und vergisst nach zwei Sekunden, wo sie ist.

Dann verbringt die gesamte Familie manchmal Stunden damit, die Katze zu suchen. Glücklicherweise ist sie pflegeleicht, braucht weder Futter noch Streu, maunzt nicht und zerkratzt auch keine Möbel. Gut, im wirklichen Leben ist sie 2,28 m groß, wiegt 112 Kilogramm und ist schwer bewaffnet. Und im wirklichen Leben ist sie natürlich auch keine »Katze«, sondern ein Wookiee vom Planeten Kashyyyk. Sie heißt Chewbacca, hört allerdings auch auf den Kosenamen »Chewie«.

Der zottelige Krieger mit der starken Gesichtsbehaarung prangt auf einer sechseckigen Star-Wars-Sammelkarte, die der Supermarkt unseres Vertrauens für je 10 Euro Einkaufswert an der Kasse an Kinder verteilt. Einzeln kosten sie 30 Cent, und ich spiele mit dem Gedanken, einen Vorrat an Wookie-Katzen anzulegen, falls wir Olivers Lieblingssammelkarte irgendwann doch nicht wiederfinden.

Chewbacca ist bei Oliver übrigens noch gut weggekommen mit der Katzen-Nummer. Yoda, den ikonischen Jedi-Großmeister, der auf seiner Sammelkarte versonnen in den kriegsumwitterten Sternenhimmel blickt, nennt Oliver schlicht »Lothar«. Man stelle sich vor, Star Wars, Episode V, Luke Skywalker landet auf dem Sumpfplaneten Dagobah – und der kleine grüne Runzelzwerg mit den Ohren sagt: »Lothar, ja, so ich genannt werde!« Dann bitte auch Bielefeld statt Dagobah.

Frederik ist in seiner Kenntnis der Charaktere, Schauplätze und Handlung von »Krieg der Sterne« bedeutend weiter. Warum allerdings, bleibt mir so schleierhaft wie diese ominöse Macht, die angeblich so stark ist. Ich hab ihm nie was erzählt. Das geht offenbar rum in der Kita. Wie ein Schnupfen. Haaaaaatschitodesstern. Und so diskutiere ich mit Frederik beim Abendessen, ob Darth Vader (Lautschrift Frederiksprech: Daf Weida) wirklich so böse ist, und seine Oma hat ihm zu Weihnachten ein Lichtschwert in Aussicht gestellt. Warum nicht, damit könnte er morgens schön sein Honigbrot schmieren oder gelegentlich die Hecke stutzen.

Ja, ich gebe es ja zu: Ich bin neidisch. Als Kind wollte ich selbstverständlich auch ein Lichtschwert. Und einen Millenniumfalken. Und »Star Wars«-Actionfiguren. Aber damals war die »Star Wars«-Durchdringung im Spielzeugladen noch nicht ganz so weit vorangeschritten wie heute. Liebe Kinder, haltet euch fest: Damals gab es auch noch kein »Star Wars«-Lego! Wie wir das überlebt haben? Keine Ahnung.

Es hat meiner geistigen Entwicklung offenbar geschadet, schließlich schmachte ich heute gefühlt jeden Abend, wenn ich nicht gerade die Wookiee-Katze suchen muss, zusammen mit Frederik den Legokatalog an – und male mir aus, was ich mir, pardon, Frederik zu Weihnachten schenke. Stormtrooper? Einen Sternenzerstörer? Oder gleich den Todesstern? Lieber nicht, was der für Verheerungen zu Hause anrichten könnte. Ich meine, der hat immerhin Alderaan ausgelöscht, so was möchte man eigentlich nicht im Kinderzimmer aufbewahren.

Für Frederik rangieren Daf Weida und seine dunklen Truppen wohl auf einer Stufe mit der bösen Hexe in *Hänsel und Gretel*. Und Luke Skywalker ist irgendwas zwischen dem schönen Aschenputtel-Prinz, Hans im Glück und »Von einem, der auszog, das Fürchten zu lernen«. Und als leicht naiver Selfmade-Jedi verkörpert er auch irgendwie den klassischen American-Dream-Underdog, der vom gelangweilten Bauernsohn zum Helden des Universums avanciert. (Übrigens: Fünfzig Star-Wars-Sammelkarten für den, der uns verrät, was mit Luke in Teil VIII passiert.)

Star Wars ist nun mal die große mystische Erzählung unserer Zeit, die die kindliche Begeisterung für leuchtende Laserschwerter ebenso bedient wie Hipster-Eskapisten und Sternenromantiker. Und mal ehrlich: Lebten die Gebrüder Grimm noch, sie hingen wie wir an George Lucas' Lippen und hätten ihn sicher längst auf die Star-Wars-Lizenzrechte angesprochen. »Grimms Kinder-, Haus- und Jedi-Märchen – Klangbuch mit vielen Tonmodulen«. Würde ich gerne vorlesen. Wenn ich überhaupt mal zum Vorlesen käme. Denn die Katze ist schon wieder weg.

Möge die Macht mit uns sein.

Klingt nur halb so lecker, wie es aussieht: **»Erbsipupsi«** statt Erdnussbutter, *eingesandt von Cosima Schilling und ihrem kleinen Cousin*

Es gibt schlechtere Jobs: **»BUSENTRÄGER«** statt Büstenhalter, *eingesandt von Sibylle Vogelsang und Nachwuchs*

Gibt's nur bei Gewitter: **»DONNERBÄRCHEN«** statt Gummibärchen, *eingesandt von Leserin Marie-Ninon Krahnke-Schoelzel*

Göttlich: **»Engelbogen«** statt Ellenbogen, *eingesandt von Eva Leroy und Tochter Zoë*

Eine neue Vogelart? Die **»Eimermeise«** statt Ameise, *eingesandt von Leserin Anke Matthes*

Schwimmen nur nachts: **»Schattenforellen«** statt Schattenmorellen, *eingesandt von Leserin Susanne Netter*

Bringt es auf den Punkt: **»VERFAULDATUM«** statt Verfallsdatum, *eingesandt von Elterncouch-Fan Otto*

Wenn Kinder Statuen bedeutender Philosophen betrachten: **»OH, EIN DENKMANN«** statt Denkmal, *eingesandt von Eilrich Jacobs und Sohn*

Vorsicht! Nicht lesen! Sonst kriegen Sie das nie wieder aus Ihrem Hirn! Na gut, Sie haben es nicht anders gewollt: **»GIMMISTUFFEL«** statt Gummistiefel, *eingesandt von Katja Duckstein-Schindler*

Wie man sich manchmal so fühlt, am Morgen danach: »Leberknecht« statt Weberknecht, *eingesandt von Brigitta Eggermann und Tochter Mona*

Eng verwandt mit dem »**LÄSTERSCHWEIN**« (Schwesterlein): die »**STAUBSAU**« statt Staubsauger, *eingesandt von Wolf Melchior*

Es ist eine laue Sommernacht und was betrachten Sie draußen auf der Terrasse? Natürlich, das **»Mondschwein«** statt Mondschein, *eingesandt von Leser Thomas*

S wie Strand

Es gibt wenig Schöneres als einen Tag am Strand: Oben zieht ein bisschen Wolkenwatte vorüber, unten ziehe ich meinen vierjährigen Sohn Frederik an der Hand eine Geröllhalde hoch, noch 200 Meter bis zum Strand, nachdem wir vor gefühlt drei Stunden das Auto abgestellt und uns von der Zivilisation, wie wir sie kennen, verabschiedet haben. Es ist nicht wirklich heiß, aber warm genug für kurze Hosen und verschwitzte T-Shirts, angesichts unseres Gepäcks kein Wunder: ein Rucksack mit Handtüchern, eine Verpflegungstasche, die Supermarkttüte mit dem Sandspielzeug, meine Umhängetasche mit Geld, Schlüsseln und Taschenbuch und natürlich die Sandmuschel, davon später mehr. Noch vor vierzig Jahren hätte man sich dafür in diesen Breitengraden wohl einen Lastesel gemietet. Aber vielleicht hätte man vor vierzig Jahren auch schlicht Badehosen und ein Handtuch dabeigehabt.

Als ich schließlich unter der Last zusammenbreche, haben wir praktischerweise den Sandstrand erreicht. Während ich ein wenig in der Sonne hyperventiliere, cremt Jana Frederik und seinen Bruder Oliver mit Sonnencreme ein – Lichtschutzfaktor 50. Ich muss dabei immer an die 80er-Jahre denken: Damals malträtierte meine Mutter mich mit Lichtschutzfaktor 8, das war viel zu der Zeit. Aber damals war man auch eine richtig große Nummer, wenn man von sich behaupten konnte, Millionär zu sein. Inzwischen wird man als Millionär ja eher belächelt von all den milliardenschweren Oligarchen und Start-up-Hipstern. Faktor 50 – die Inflation macht eben auch vor Lichtschutz nicht halt.

Neben uns hat ein französisches Paar mit zwei Kindern ihr Lager aufgeschlagen, die beiden Kleinen laufen zum Wasser, Badehose und Badeanzug, nichts weiter. Frederik hingegen steckt in einem UV-Licht-abweisenden Ganzkörperanzug und trägt einen Sonnenhut, Oliver auch. Ich fühle mich in diesem Moment sehr deutsch, aber immerhin hat das Ganze einen gewissen Surfer-Neopren-Look, trotz der Entchen, die auf Olivers Anzug prangen.

Nun zur Strandmuschel: im Grunde die Light-Variante eines Alpinzeltes, was nicht bedeutet, dass es weniger kompliziert in der Aufstellung wäre. Ich mühe mich gerade mit den Stangen ab, als eine Windböe die Zeltbahn erfasst und diese zu unseren französischen Nachbarn hinüberweht. Mein Französisch ist gut genug, um mich zu entschuldigen, aber glücklicherweise nicht gut genug, um zu verstehen, wie sie sich wohl gerade darüber wundern, warum dieser Familienvater da drüben sich offensichtlich auf eine Überwinterung vorbereitet. Die Muschel wird mit Heringen im Sand fixiert, einen davon hat allerdings Oliver schon verschleppt und auch auf Nachfrage grinst er nur sein bezauberndes Halbgebisslächeln.

Als die Strandmuschel steht, die Kinder eingecremt und das übrige Gepäck verstaut ist, ziehen die ersten Wolken auf. Frederik möchte jetzt eingegraben werden, Minuten später natürlich auch Oliver. Als beide weitgehend immobil unter Sandhaufen begraben sind und nur noch die Köpfe rausgucken, spielen Jana und ich kurz mit dem Gedanken, einen Gin Tonic trinken zu gehen, aber mangels Strandbar verwerfen wir den Plan, und Frederik und

Oliver haben inzwischen auch die Lust verloren. Kontakt mit dem Meer nehmen beide im Übrigen nur sporadisch auf, immer dann, wenn sie im grünen Eimerchen Wasser für die Sandburg holen. Als ich mit einem Kopfsprung in die Brandung tauche und eine halbe Minute später zitternd ins Handtuch gehüllt in der Strandmuschel sitze, weiß ich: Kinder und Tiere haben Instinkte, denen man ab und zu einfach vertrauen sollte. Ohnehin brauchen wir nun nicht mehr das Meer, um nass zu werden; Regen hat eingesetzt, und wir packen hektisch alles wieder zusammen. Oliver hat noch einen Hering entwendet, Frederik findet seine linke Sandale nicht mehr, und ich krieg die Strandmuschel nicht mehr in ihre Tasche gequetscht.

Es gibt wenig Schöneres als einen Tag am Strand.

T wie Tourismus

Paare ohne Kinder: »Und dann haben wir so eine Hütte auf Stelzen gemietet, mitten im Dschungel, nachts konnte man da die Papageien schreien hören, und am Morgen saß auf einmal ein Affe auf dem Dachbalken und wollte Lisas Haarklammer.« Eltern mit Kindern: »Und dann haben wir so ein Halbpensions-Appartement mit Klimaanlage gemietet, mitten in der Ferienanlage, nachts haben wir unsere 75-jährige Nachbarin husten gehört, und am Morgen saß auf einmal Oliver auf meinem Bauch und wollte Haferflocken essen.«

Ja, die Exotik der Jahresurlaube nimmt proportional mit der Anzahl der Kinder ab. Einzige Ausnahme: Paare, die gleichzeitig Elternzeit nehmen und mit Lotta und dem kleinen Emil auf Weltreise gehen – »hat super geklappt, bis auf Lottas Malariainfektion in Neu-Delhi«. Meistens zeigen sie den vierstündigen Diavortrag noch ein Jahr später und schreiben Bücher mit Titeln wie »Von Braunschweig nach Taka-Tuka-Land – Einmal um die Welt auf den Spuren von Pippi Langstrumpf«.

Ich bewundere solche Eltern. Sie stellen sich dem ganz, ganz großen Abenteuer, buchen reihenweise Billig-, Gabel- und One-Way-Flüge im Internet, wälzen Lonely-Planet-Reiseführer, um sich dann an den empfohlenen Hidden Places mit all den anderen Lonely Planet-Lesern die Füße in den Bauch zu stehen, und dabei haben sie ein- bis vierjährige Kinder dabei, die noch nicht gut genug sprechen können, um gegen das halbjährige Nomadentum ihrer Eltern zu protestieren. Schon mal im Hostel versucht, nachts um drei ein Milchfläschchen zu erwärmen?

Wie gesagt: Ich bewundere solche Menschen, Jana und ich gehen seit Frederiks Geburt allerdings den Weg des geringsten Widerstandes. Das heißt: Auch wir waren mal verrückt – eine Woche Norderney, Campingurlaub, Frederik war gerade einmal fünf Monate alt. Auf dem Campingplatz kostete die Windelentsorgung extra (ich fand es unheimlich beruhigend, dass selbst dieser Spezialfall in der Platzordnung geregelt war), und Frederik hasst Zelte (auch das finde ich unheimlich beruhigend, mir geht es da ähnlich). Mit Experimenten halten wir uns seitdem zurück, vor allem, seit Oliver auf der Welt ist.

Und so sitzen wir nun auf einer der Kanarischen Inseln, die man per Direktflug erreicht, in einem Bungalow mit zwei separaten Schlafzimmern, Küchenzeile und direktem Meerblick (wenn man drei Meter fünfzig groß ist und ganz vorne auf der Terrasse steht). Morgens gibt es Frühstücksbuffet, was für Frederik und Oliver schlicht bedeutet, dass sie so viele Mini-Croissants essen können, wie sie wollen, und für mich, dass ich schon morgens Baked beans on toast, Würstchen oder gegrillte Champignons essen könnte, wenn ich meinen beiden Blätterteig-Aficinados nicht dauernd Butter auf die Hörnchen schmieren müsste.

Um elf Uhr morgens bietet die Hotelanlage eine Stunde »Kids Club« an. Pünktlich um zwanzig nach erscheint Matteo, ein braun gebrannter 20-Jähriger im Ronaldo-Trikot, auf dem Spielplatz, räumt rumpelnd eine beeindruckend große Lautsprecherbox aus einer Baracke und spielt Bluesmusik von Gary Moore. Die Kinder, die von der schieren Lautstärke noch nicht vertrieben wurden, scheucht er nun in die Baracke, Frederik ist dabei, wenn auch skeptisch. Als ich nach zwanzig Minuten nach ihm schaue, macht Matteo gerade Furz-Witze. Frederik ist in etwa so euphorisiert wie damals im Zelt auf Norderney.

Ich nehme ihn mit und spreche Deutsch mit ihm, worauf Matteo offenbar nur gewartet hat. Während die anderen Kinder mit Wasserfarben ihre schönsten Urlaubserinnerungen festhalten (auf dem Boden und den Wänden der Baracke selbstverständlich, nicht auf dem Papier), fragt er mich, ob er einen BMW besser auf den Kanaren oder in Deutschland kaufen sollte. In Deutschland sei das Wetter doch immer so schlecht, das sei doch gut für gebrauchte Autos, nicht so heiß wie hier und überhaupt, kriegt man für 5000 Euro einen Z3? Ich kenne mich mit Autos in etwa so gut aus wie Matteo mit Kindern, also versichere ich ihm, dass es spätestens seit der Abwrackprämie massenhaft gute Gebrauchtwagen in Deutschland gäbe und die Auswahl somit sicher größer sei als auf den Kanaren. Matteo strahlt, Frederik zieht an meiner Hand, und ich beginne zu verstehen, warum es diese Ferienanlage nicht in den Lonely Planet geschafft hat.

Am Abend essen wir, es gibt wieder Buffet.

Frederik isst Pommes Frites mit Ketchup, sein kleiner Bruder Oliver tut es ihm gleich. Heute Nacht werden die beiden nach einem heißen Strandtag mit Bade-, Sandburg- und Eis-Triathlon in ihrem eigenen Schlafzimmer ins Erschöpfungskoma fallen, und Jana und ich werden überteuerten Rotwein auf der Terrasse trinken, unsere 75-jährige Nachbarin feucht husten hören und ans Meer denken, das wir sehen könnten, wenn wir drei Meter fünfzig groß wären. Hätten wir doch bloß eine Hütte auf Stelzen gemietet.

U wie Unterforderung

Männer sind ja schnell überfordert: Karriere, Liebe, Lampe anbringen, stark und dennoch weich sein und jederzeit offen, bereit – lass es raus –, über ihre Gefühle zu reden oder zumindest die Winterreifen zu wechseln. Ohne Werkzeug. Kein Wunder, dass in den Buchläden dazu die passende Überforderungsliteratur blüht, alles über die Rushhour des Lebens.

Nicht, dass ich nicht auch oft überfordert wäre. Etwa in den zehn bis zwanzig Minuten des Tages, an denen Frederik und Oliver sowohl dringend spielen wollen als auch eigentlich schlafen müssten, der Wäschekorb (ach, was heißt hier der – der hundertste!) überquillt, die Spülmaschine mich herausfordernd angähnt und ich eigentlich heute Abend die Steuer machen müsste. Aber ich bekenne: Ich fühle mich mindestens ebenso oft unterfordert. Vielleicht nicht als Mann. Aber als Vater.

Der nächste WM-Song?
»EIN HOCHHAUS UNS!«,
gesungen von Julius, vier Jahre alt,
und eingesandt von Mutter Erika Wolf

Klingt lecker, wird aber teuer:
»Meine Tochter glaubte als Siebenjährige, dass Delikatessen Frauen sind, die an Falschparker Knödel verteilen«,
schreibt Leserin Ulrike Eschbach

Eine wahrlich charmante Abkürzung: »PÜTER« statt Computer, *eingesandt von Leserin Julia Drache und ihrer Tochter*

Und noch ein Beitrag für
meine Maulwurf-Sammlung:
»MAULWURST«,
eingesandt von Dagmar Hayes

Wo holen wir die Pizza? Klar, in der **»Pizzerei«** statt Pizzeria, *eingesandt von Leserin Eva Lefèvre*

Nachts im dunklen Wald hilft die »Laschenpampe« statt Taschenlampe, *eingesandt von Leserin Brigitte Binder*

Der kleine Bruder eines ausgewachsenen Brennofens: »Kaminchen« statt Kaninchen, *eingesandt von Christoph Wachinger und Familie*

Dieser Käse ist groß. Wirklich groß: »MONSTERRELLA« statt Mozzarella, *eingesandt von Tobias Große Holthaus*

Liebe Rheinland-Pfälzer, ihr müsst jetzt stark sein: »Klobenz« statt Koblenz, *eingesandt von Hasso Steinert und Sohn*

Typisch Österreich: »Schlapper Wiener« statt Schlawiner, *eingesandt von Simone Thumann (übrigens aus Franken)*

Ein Klassiker zu Weihnachten: »Oh Tantenbaum« statt Tannenbaum, *eingesandt von Leserin Silvia*

Wenn ich etwa Frederik und Oliver morgens zur Kita bringe, dienstags, mittwochs und freitags, sind alle Erzieherinnen ungemein freundlich. Ich grüße, sie grüßen, ich lächle, sie lächeln zurück. Und wenn ich die beiden abhole, das gleiche Spiel: grüßen, lächeln, alles gut.

Ich habe das Gefühl, in manchen ihrer Blicke schwingt sogar Anerkennung mit. Anerkennung darüber, dass ich es als Vater geschafft habe, zwei halbwüchsige Kinder an einem Stück und vollständig bekleidet von zu Hause bis zur Kita geschafft zu haben. Meistens denke ich auch noch daran, einen Apfel für die Schmausepause am Nachmittag mitzubringen. Wahnsinn. Ein Apfel!

Aber sobald es mal ein Problem gibt – es fehlen Handschuhe, wir müssen Zahnpasta nachkaufen, der Kitagutschein muss eingereicht werden –, sprechen die Erzieherinnen nur mit meiner Frau Jana. Dabei hab ich die Kita-Eingewöhnung gemacht. Und geht es ums Basteln am Elternabend, gucken alle Jana an – dabei kann ich genauso gut nicht basteln wie sie.

Oder im ICE: Jana war auf Geschäftsreise, und ich fuhr mit den beiden zur Oma. Zweieinhalb Stunden Zugfahrt können lang sein, sehr lang. Ich zündete ein Feuerwerk nach dem nächsten: Rosinenbrötchen, vorlesen, zum Bord-Bistro und zurück, Kekse, noch mal vorlesen, Zugtoilette, Duplo spielen. Und es waren erst zehn Minuten vergangen. Als wir schließlich ausstiegen, tippte mich die Dame, die im Großraumabteil neben uns gesessen hatte, auf die Schulter und sagte: »Sie hätten ja einen Orden verdient! Toll, wie Sie das gemacht haben mit den beiden Kindern! So ganz alleine – ohne die Mutter!« Ich bedankte mich höflich. War sicher nett gemeint. Und objektiv gesehen bin ich natürlich völlig ihrer Meinung, mein Orden bitte in Gold und mit Kordel. Aber: Hätte sie das auch zu Jana gesagt, wenn sie allein mit den beiden Zug gefahren wäre?

Oder im Babyladen: Wir brauchen einen Kinderwagen, ich hab recherchiert, stelle überaus kluge Fragen – aber die Verkäuferin hat nur Augen für Jana. Also: An alle Kita-Erzieher, Bahnmitfahrer und Babyladenverkäufer: Jana und ich haben uns ziemlich gut aufgeteilt, wechseln beide Windeln, haben beide einen Job, haben beide Freunde und haben beide zusammen zwei Kinder. In unserem kleinen Familienunternehmen sind wir beide Chef, gleichberechtigt, mit allen Rechten und Pflichten. Wenn ich beim Kinderwagenkauf nach dem Regenschutz frage, guckt mich gerne auch an. Wenn ich mal mit zwei Kindern Bahn fahre, versprecht mir nicht gleich einen Orden. Und wenn ihr mich das nächste Mal in die Kita hetzen seht, sprecht mich ruhig darauf an, dass wir schon wieder die Matschhose vergessen haben. Damit komm ich schon klar, ich kann schließlich auch eine Lampe anbringen, stark und dennoch weich sein und bin jederzeit offen, bereit – lass es raus –, über meine Gefühle zu reden oder zumindest die Winterreifen zu wechseln. Ohne Werkzeug. Dafür fahr ich nämlich in die Werkstatt. Die Jungs dort hätten übrigens auch mal einen Orden verdient.

V wie Volksfest

Vor zwei Jahren sind wir rausgezogen. Raus aus der Großstadt – oder besser: an den Rand. Passierte ich früher morgens auf dem Weg zur U-Bahn ein Matratzengeschäft, einen Teppichladen und eine Kneipe, bei der es ein Herrengedeck, also Schnaps und Pils für 1,50 Euro gab – kam für mich, gerade morgens, nicht infrage –, gehe ich jetzt morgens durch einen Waldweg zur Bahn. Ein Reh habe ich dabei auch schon mal getroffen. Zu einer Plauderei über die Vorzüge des Vorstadtlebens kam es nicht, das Reh hatte es offenbar eilig.

Die Siedlung, in der wir wohnen, wurde in den 70er-Jahren gebaut, und ich bin gespannt, welcher gesellschaftliche Großtrend sie zukünftig prägen wird: Derzeit zumindest bin ich der wohl einzige Mann im Umkreis von zwei Kilometern, der einer sozialversicherungspflichtigen Beschäftigung nachgeht und noch keine Rente bezieht. Stadtplaner sprechen da wohl von Gerontofizierung. Aber es gibt einen Spielplatz in der Nähe, bei dem die Schaukeln im Winter abmontiert werden, ein Eiscafé und das »Dorf«, so nennt der Hiesige das Zentrum des Vorstädtchens mit Marktplatz, Kino, Restaurants und Geschäften.

Einmal im Jahr wird dieses Zentrum von Schaustellern okkupiert: Volksfest mit allem, was dazugehört – Schießbuden (für die in unserer Familie allerdings nur ich – Kriegsdienstverweigerer! – eine geheime Leidenschaft pflege), Karussells (hier ist der Zuspruch der jüngeren Generation schon größer) und jede Menge Bratwurst-, Flammkuchen-, Gebrannte-Mandeln- und Backkartoffelbuden. Ganz zu schweigen von den Luftballonverkäufern und Glücksradständen. Und so gleicht ein Kirmesbesuch mit Kindern der Irrfahrt voller Verlockungen, die einst Odysseus bestehen musste. Sie erinnern sich: Die mit den Sirenen, die ihn und seine Mannschaft ins Verderben rufen wollten mit ihrem verführerischen Gesang, dem die Männer nur widerstehen konnten, weil sie sich Wachskügelchen in die Ohren gesteckt hatten und Odysseus sich an den Mast gefesselt hatte. Keine Option, wenn Sie mit Kindern unterwegs sind. Fesseln Sie sich selbst, schränkt das Ihren Aktionsradius doch merklich ein, fesseln Sie Ihre Kinder, könnten die übrigen Besucher das – gerade in der Vorstadt – schnell missinterpretieren.

Also lehrt ein Sommernachmittag auf der Kirmes vor allem Gelassenheit: Frederik will nach zwölf Runden Karussell noch mal fahren? Kriegt einen Wutanfall, weil sich ein anderes Kind erdreistet hat, das Polizeiauto zu besteigen, das doch für ihn reserviert war? Sein Bruder Oliver verschmiert sich Gesicht, Hände, Ober- und Unterbekleidung mit Ketchup? Der Luftballon platzt? Die Windel ist voll? Und am Stand mit der Zuckerwatte sind wir noch nicht mal vorbei?

Eine geradezu buddhistische Ruhe erfüllt mich, die selbst die 15-jährige Zahnspangenträgerin auf der Kirmesbühne mit ihrer Interpretation von Helene Fischers »Atemlos« nicht stören kann. Ich kaufe Karussellbilletts, bis selbst Frederik genug hat, überzeuge ihn, dass man im Polizeiauto auch zu zweit sitzen kann, säubere Oliver mit Taschentüchern und dem Wasser, das er gerade umgestoßen hat, erstehe gleich zwei weitere Luftballons (wenigstens einer wird ja wohl bis zu Hause durchhalten), und die Windel lass ich Windel sein. Am

Stand nebenan gibt’s ein Herrengedeck für 3,50 Euro. Ziemlich günstig eigentlich …

W wie Waffen

Erinnern Sie sich noch an Donald Trump? Der wollte mal Präsident der Vereinigten Staaten von Amerika werden (ich bete, er ist's inzwischen nicht geworden). Sehr reich, sehr gut frisiert und sehr laut war er schon – und um Präsident zu werden, wurde er sogar noch lauter. Im Wahlkampf brüllte er etwa nach den Anschlägen von Paris im November 2015, bei denen Hunderte Menschen getötet und verletzt wurden, dass es zu dem Massaker nicht gekommen wäre, wenn die Pariser Waffen trügen. So wie er. Und alle anderen Amerikaner. Zumindest in Texas, bei Wahlkampfveranstaltungen von Donald Trump. Die bewaffneten Franzosen hätten die Attentäter einfach erschießen können. Eine bemerkenswerte Theorie. In einem Land mit Schlagzeilen wie »Spielende Kinder erschießen zwei Menschen« und in dem jedes Jahr mehr als hundert Kleinkinder bei Unfällen mit Schusswaffen sterben.

Brrrr, das Wasser in der Badewanne ist ja allenfalls »blauwarm« statt lauwarm, *eingesandt von Leserin Maren Funck-Püplichhuisen*

Eine schwere Form der Nahrungsmittelunverträglichkeit? »Nusskacker« statt Nussknacker, *eingesandt von Leserin Ellen Bach*

Dunkelbier, Weizenbier – warum nicht mal **»Dinosaubier«** statt Dinosaurier, *eingesandt von Leser Matthias Kramer und Familie*

Leser Florian Felser berichtet das: »Unser vierjähriger Felix nennt den Laufstall seines kleinen Bruders Maximilian beharrlich ›SAUFSTALL‹.«

Kinder und Politik: **»Herr Seeeuter«** statt Seehofer, *eingesandt von Heidrun Köbernick*

Trifft es genau: **»KINDERWÄRTERIN«** statt Kindergärtnerin, *eingesandt von Leserin Mareike Richter-Schweidweiler*

Worin kocht ein Pirat? Natürlich im **»Knotentopf«** statt Totenkopf, *eingesandt von Martina Wöhrle*

Auch die Flüchtlingsdebatte beschäftigt unsere Kinder. *Etwa die von Birte Maas.* Die reden allerdings von **»Früchtlingen«**.

Er hat ja auch ordentlich was auf den Rippen: **»Pummelbär«** statt Pu der Bär, *eingesandt von Andrea Binke*

Nur echt mit zweiundfünfzig Zähnen: **»Keksboard«** statt Skateboard, *eingesandt von Anja Dreyer und Sohn Jannis*

»Na, Kleine – bist du schon im Kindergarten?« **»Nein, ich bin noch in der Trouble-Truppe.«** statt Krabbelgruppe, *eingesandt von Leser Andreas Zielinski und Sohn*

Warum nicht mal zärtlich? »Mama, kannst du mir mein Brötchen streicheln?«, *eingesandt von Leserin Petra Martignoni und Tochter Gwen*

Wäre ich Amerikaner, ich wäre sehr traurig. Wegen der vielen toten Kinder. Und natürlich wegen Donald Trump.

Und wäre ich Donald Trump, würde ich mich mal mit meinem Sohn Frederik unterhalten. Denn die Faszination für Waffen – ob großkalibrige Piratengewehre, Hieb- und Stichwaffen aus dem Mittelalter oder Laserkanonen – scheint bei Vierjährigen und republikanischen Präsidentschaftskandidaten ähnlich stark ausgeprägt zu sein. Wie die beiden fachsimpeln könnten über die Vor- und Nachteile einer Hellebarde gegenüber einem Säbel. Oder einem Westernrevolver gegenüber einem Schnellfeuergewehr. Allerdings mit dem feinen Unterschied, dass Frederik niemandem wehtun oder gar töten möchte. Ihn plagen schon ethische Bedenken, wenn ich einer Spinne hinterherjage. Kein Wunder. Jana und ich bemühen uns schließlich um eine angemessen pazifistische Grunderziehung. Worte statt Schläge, drüber reden statt sich erschießen, auf dieser zugegeben recht allgemeinen Basis fußt unser Konfliktlösungsansatz. Und bisher konnten wir sowohl Frederik als auch seinen jüngeren Bruder Oliver von jeglichen funktionalen Waffen fernhalten. Bei der Spielzeugvariante allerdings ist uns das nicht gelungen. Was allein die Ritterarmee von Playmobil in ihren Rüstkammern vorhält. Oder Frederiks Laserschwert von Oma. Oder der selbst gebastelte Revolver aus Klorolle und Goldpapier. Nicht zu vergessen die Wasserpistolen im Sommer, die beide tragen wie Westernhelden. Ohne dass sie jemals einen Western gesehen hätten.

Ich muss dabei immer an ein Foto denken, das meine Mutter vor 32 Jahren aufgenommen hat. Es zeigt mich im Fußballtrikot (ich kann und konnte nicht spielen, aber es sah toll aus) mit Robin-Hood-Mütze, wie ich mit Schwert in der einen und Plastikpistole in der anderen Hand vor dem Sandkasten posiere. Unsere Nachbarin schüttelte über mein Waffenarsenal nur den Kopf und verkündete bei jeder Gelegenheit, dass sie ihren Christian ja komplett vor Waffen jeglicher Art bewahre. Er solle streng pazifistisch aufwachsen. Noch heute bewundere ich die verständnisvolle Güte, mit der meine Mutter dieser Erziehungskritik begegnete. Wahrscheinlich hatte sie bei mir – ich war das dritte Kind – eingesehen, dass das mit der Totalabstinenz zwar gut gemeint ist, aber gerade bei Jungs mal so gar nicht funktioniert. Und Nachbarskind Christian – der Totalpazifist – bestätigte dann später auch alle Vorurteile. Denn während ich spätestens mit neun das Interesse an Bogen, Plastik-Schnellfeuergewehren und Gummigeschossen verloren hatte, war es jener Christian, der sich von seinem ersten Taschengeld mit Plastikgewehren eindeckte und fortan der gesamten Nachbarschaft hinter Büschen versteckt auflauerte, um sie, »peng-peng«, waidgerecht zu erlegen.

Ich bin froh, dass damals Helmut Kohl und nicht Donald Trump Deutschland regierte, sonst hätte Christian mit neun sicher seinen ersten Sechsschussrevolver mit scharfer Munition bekommen. Yieeeehaa!

W wie Waldspaziergang

Sonntagvormittag, die Sonne scheint, Freunde mit Kindern sind zu Besuch, Oliver mümmelt am letzten Croissant; noch ein Kaffee, und wir sterben an Koffeinvergiftung.

Bleibt nur eines: ein Waldspaziergang. Klingt verheißungsvoll, der Wald, die Natur, das Grün, Ruh', in allen Wipfeln ... All das natürlich nur, bis wir mit vier Kindern auf Fahr- und Laufrädern, in Kinder- und Bollerwagen einfallen. Kinder scheinen sich ja in einem gewissen Alter nur schreiend verständigen zu können, also Jungs zumindest. Muss eine Form von juveniler Schwerhörigkeit sein, die auch bei Aufforderungen wie »Räum dein Zimmer auf» oder »Nicht in die Pfütze springen«, selten aber bei »Willst du noch Nachtisch?« zutage tritt.

Frederik fährt voran, er kennt den Weg inzwischen und ist auf den ersten zwei Kilometern – es geht leicht bergab – noch hoch motiviert. Das aber ändert sich. Nach 15 Minuten schlägt die anfängliche Begeisterung in Erschöpfung um. Ob gespielt oder tatsächlich, ist schwer zu sagen. Jedenfalls für mich. Denn es erfordert all meine Aufmerksamkeit, ein Gespräch zu führen, wobei ich mir vorkomme wie der Marlboro-Mann, der gleichzeitig eine Herde Wildpferde zusammentreibt und dabei seine Steuererklärung machen soll.

Es ist ja nicht so, dass es nichts zu besprechen gäbe. Früher, als Frederik gerade auf der Welt war, kreisten die Dialoge mit anderen jungen Eltern gerne stundenlang um die drei Kernfragen des Kinderhabens: Schläft er durch? Schläft er durch? Und, sag mal, schläft er eigentlich durch? Das hat sich gewandelt. Spätestens mit dem zweiten Kind scheinen Eltern eher zu betonen, dass sich bei ihnen eben nicht mehr alles um die Kinder dreht. Und auf einmal redet man wieder über Kinofilme, die man gesehen hat (wenn auch nur auf DVD), Bücher, die man gelesen hat (oder zumindest den Klappentext), und Partys, auf denen man gewesen ist (wenn auch nicht so lange – um sieben sind die Kinder ja wieder wach).

Ich finde das großartig. Aber anstrengend. Den Plot des Romans, den ich seit vier Monaten auf meinem Nachttisch liegen habe, in fünf klugen Sätzen zusammenzufassen, ist das eine. Dabei Frederik während seiner halsbrecherischen Fahrradtricks im Auge zu behalten und immer wieder Olivers Schnuller auf dem Waldboden zu suchen, das andere.

Ach, du hast Proust gelesen?

»Frederik, nur noch bis zur Kurve, dann schieb ich dich wieder.«

Im Theater? Ja, waren wir vor zwei Wochen auch, die Inszenierung war aber eher …

»Oliver, gleich gibt es was zu trinken, ganz ruhig.«

Ach, und der Gin Tonic hat sieben Euro gekostet?

»So, Kinder, das sind jetzt genug Stöcke, wer soll die denn alle nach Hause tragen?« (Die Antwort darauf hätte ich mir auch selbst geben können. Am Ende schleife ich jedenfalls gefühlt den halben Wald hinter mir her.)

Und so ist die Bilanz eines solchen Waldspaziergangs gemischt: Ich wollte was sagen. Aber am Ende hab ich nur geredet. Und das auch noch lauter als geplant, um die Kinder zu übertönen. Immerhin haben wir jetzt wieder acht Stöcke mehr im Garten und Frederik die Jackentaschen voller Moos. Und Ruh', in allen Wipfeln. Jetzt wieder.

W wie Weihnachten

Frederik ist ein Schaf. So wie Konrad. So wie alle Vierjährigen bei den Marienkäfern. Eine Blökrolle gewissermaßen. Für die Sprechrollen muss man gecastet werden – und mindestens fünf sein. Und so hofft Frederik schon jetzt auf das nächste Jahr, in dem er vielleicht ein Hirte, ein König oder sogar Josef beim Kita-Krippenspiel sein könnte. Uns käme das auch gut zupass, das Kostüm würde dadurch ungleich einfacher: Haben Sie schon mal ein Schafskostüm gebastelt? König, das kann ich aus eigener Erfahrung sagen, ist einfach: Krone aus Goldpapier, rote Tischdecke als Umhang, fertig. So ausgestattet verkörperte ich vier Grundschuljahre lang den Balthasar, mit der dürren Textzeile »Ich geb', obwohl ich König bin, ihm gerne meine Krone hin«.

Frederik ist beim Text ambitionierter: Am ersten Advent gruppierte er alle verfügbaren Krippenfiguren vor sich und fing an: »Vor mehr als tausend Jahren lebte eine junge Frau, die hieß Maria. Die war verlogen. Mit Josef Zimmermann.« Es sind diese Momente, in denen Jana und ich hart gegen den Drang ankämpfen müssen, alles zu filmen und sofort bei Facebook zu posten. Seitdem übt Frederik praktisch in jeder freien Minute die Weihnachtsgeschichte. Ich befürchte: Sollten wir beim Kindergottesdienst an Weihnachten noch einen Platz in der Herberge, Entschuldigung, Kirche bekommen – Frederik würde den Pfarrer bei der kleinsten Abweichung vom Kita-Original in die Schranken weisen. Die Wahrscheinlichkeit beider Ereignisse – Frederik, der laut proklamierend dem Pfarrer ins Wort fällt und Platz in der Kirche beim Weihnachtsgottesdienst – ist allerdings eher begrenzt.

Letztes Jahr – meine Mutter war zu Besuch und wir waren eine halbe Stunde vor Gottesdienstbeginn in der Kirche – hätten wir nur noch Stehplätze mit eingeschränkter Sicht einnehmen können. Wir merkten schnell: Hier greifen ältere Netzwerke – Familien, die mit Handtüchern respektive Mänteln Plätze reservieren, ganze Sitzreihen für Sportgruppen oder den Frauenchor. Wir zogen ab und haben uns die Weihnachtsgeschichte dann zu Hause vorgelesen. Was soll ich sagen: Wie entspannt doch dieser Heiligabend war! Wir haben gegessen (zwölf Minuten), Geschenke ausgepackt (sieben Minuten) und dann in aller Ruhe mit dem Geschenkpapier gespielt (zwei Stunden, vor allem Oliver) und Fotos von den Kindern gemacht.

Im Vergleich zu den durchgetakteten Heiligabenden meiner Kindheit war das Entschleunigung pur: Der begann nämlich bereits um sieben Uhr morgens. Aufstehen zum Raclette-Einkauf, noch bevor die Rentner den örtlichen Supermarkt stürmten. Mit voll beladenem Kofferraum anschließend zum Fleischer, kurz zu Hause ausladen, dann den Weihnachtsbaum kaufen (immer am letzten Tag, es gibt tolle Sonderangebote!), anschließend noch Besuch bei Tante eins und Tante zwei, evangelischer Weihnachtsgottesdienst, Kaffeetrinken, Weihnachtsbaum schmücken, Bescherung, Raclette und noch mal katholische Kirche. Spätestens als ich einmal in der Mitternachtsmesse eingeschlafen bin, merkten wir, dass dieser Xmas-Marathon offenbar zu ambitioniert war und haben restrukturiert.

Mit Frederik und Oliver fangen wir so gar

nicht erst an. Sie sollen lernen, worum es an Weihnachten wirklich geht. Um die verlogene Maria zum Beispiel. Und Josef Zimmermann.

Bringt was Herzhaftes statt immer nur Schokolade in Goldpapier: der **»Salamiklaus«** statt Nikolaus, *eingesandt von Matthias Falk und Nachwuchs*

Hoffentlich viel im Nikolausstiefel: **»Schlokoschade«**, *eingesandt von Nuran Börker*

Auch ewig grün: der ***»Tazelbaum«*** statt Tannenbaum, *eingesandt von Tina Eggert*

Eine Tanne mit schönem Bouquet und rhombenförmig im Abgang: der **»WEINBAUM«** statt Weihnachtsbaum, *eingesandt von Aizhan Weisner*

Versüßt das Warten auf Weihnachten – aber bitte in XXL: »Kavenzlender« statt Adventskalender, *eingesandt von Helene (vier) und Mutter Katja Böttcher* – oder »Kalendavenda«, *eingesandt von Kinderworte-Fan Julia Dollinger*

Weihnachten, du Fest der schokoladenverarbeitenden Industrie! Wie wäre es dieses Jahr mal mit **»PARZIMAN«** statt Marzipan, *eingesandt von Silvia Kloster*

Zählen am Adventskalender:
»Tür zehn, Tür elf,
Tür zwölf, Tür drölf«
statt dreizehn, *eingesandt von Leserin Jana Wilcke*

Morgen, Kinder, wird's was geben – natürlich von der »WEIHNACHTSLAUS« statt Nikolaus/Weihnachtsmann, *eingesandt von Ulrike Löw*

Das perfekte Weihnachtsmenü beginnt natürlich mit »Lasat« statt Salat, *von Sylvia Zihlmann* oder »Turnschuhsalat« (statt Thunfischsalat, *eingesandt von Wolfgang Scharfenberger* oder doch »Schleifsalat« statt Fleischsalat, *eingesandt von Alexandra Wagner-Bohn*

Nomen est omen: Stapft da nicht »Knecht Knuti« durch den Winterwald? *Eingesandt von Detlev Feldschow und seiner vierjährigen Tochter*

»HALLO JULIA« statt Halleluja ist längst ein Klassiker: *Bei Leserin Heidi Wagemann wurde es in der Kirche zu* »HALLELULLA«

Hat für den Winter hoffentlich schon genug Nüsse und Zauberstaub beisammen: das »EINHÖRNCHEN« statt Eichhörnchen, *eingesandt von Leserin Birgit Hornung*

Und wenn dann am ersten Weihnachtsfeiertag wieder die tschechischen Märchenverfilmungen im Fernsehen gezeigt werden, hoffe ich in diesem Jahr auf »Dornhöschen« statt Dornröschen, *eingesandt von Silke Philipsen und Tochter Edda*, auf »Papunzel« statt Rapunzel, *eingesandt von Filiz Oezdes* oder wenigstens »Rotkälbchen« *von Kerstin Braukmann*

Bei Kindern selbst in der kalten Jahreszeit so beliebt wie Spinat mit Rosenkohl: die »Schrumpfhose« statt Strumpfhose, *eingesandt von Charlotte Hoffmann-Emden*

Was wären weihnachtliche Waffeln, Kuchen oder Stollen ohne »BRUDERZUCKER« statt Puderzucker, *eingesandt von Sylvia Ludwig*

Die heiligen drei Könige waren sicher mit vielen »Karamelen« unterwegs, *eingesandt von Ingrid Woller*

Und abends dann der Pudding mit »Familiensoße« statt Vanillesoße, *eingesandt von Henriette Uhlenhaut* oder gleich den »Kaiserschwan«, *Charlotte, vier Jahre alt, eingesandt von Sebastian Rittner*

Hat gerade im Heizölwinter viel zu tun in seinem Ressort: der »Tankminister« statt Tankkanister, *eingesandt von Detlev Feldschow*

Vielleicht über Weihnachten in die Berge? Warum nicht gleich auf die »Spuckzitze« statt Zugspitze, *eingesandt von Steffen Eger samt Sohn*

Gerade an Heiligabend sind sie haufenweise unterwegs: die »Schubsengel« statt Schutzengel, *von Renate Drinovan*

Auf dem Weihnachtsmarkt: »Papa, ich möchte ›Haare am Stiel!‹« – statt Zuckerwatte. *Eingesandt von Leser Volkmar Glauche*

Beim Hauptgang haben wir die Qual der Wahl: vielleicht »Schnutenpitzel mit Sackschlane« (Putenschnitzel mit Schlagsahne, eingesandt von Leserin Lin) oder **»Condom blö«** statt Cordon bleu, *eingesandt von Jakob und Ulrike Zophoniasson*

Dabei wird natürlich gesungen – was wäre die Bescherung ohne singen? Zum Beispiel **»Ihr Kinderlein Gromit«** (nach dem bekannten Knet-Hund), *eingesandt von Nuran Börker*

Und wo wir beim Süßen sind: Sirup heißt *für die vierjährige Tochter von Leser Henry Högelow* nur »**Seerob**« und wird – klar – aus Seerobben hergestellt. Nix für Vegetarier.

W wie Wut

Ich trage Konflikte nicht gerne in der Öffentlichkeit aus. Welchen tiefenpsychologischen Strömungen, Genmutationen oder Tierkreis-Aszendenten ich das zu verdanken habe – ich habe keine Ahnung. Bisher habe ich das auch nicht unbedingt als Nachteil empfunden, sondern eher als Plus – als Alternative zu den Klassikern »Schokolade« und »Ungeduld« beim Bewerbungsgespräch zum Beispiel, wenn es heißt: Was sind Ihre Schwächen? Aber dann wurde mein jetzt vierjähriger Sohn Frederik geboren – und erzieht mich seitdem.

Denn es gibt wohl nur einen Vater, der es vermeiden kann, mit seinen Kindern Konflikte in der Öffentlichkeit auszutragen: den Heiligen Vater, Papst Franziskus. Und das vor allem, weil er keine leiblichen Kinder hat. Zumindest keine bekannten. Deshalb steht er im Petersdom und predigt und nicht samstags im Supermarkt vor dem Keksregal und diskutiert. Im Grunde auch beruhigend, schließlich hat er einmal während einer päpstlichen Generalaudienz durchblicken lassen, welche Konfliktlösungsstrategien er bei Kindern anwenden würde: »würdevolle« Schläge etwa – also nicht ins Gesicht. Sagen wir mal so: Mein Vertrauen in die zivilisatorischen Errungenschaften der katholischen Kirche hat er mit dieser Äußerung nicht gerade bestärkt. Aber als oberster Hirte hat er es ja ohnehin eher mit Schafen als mit Kindern zu tun – und die sind ja im Allgemeinen recht langmütig und scheuen offene Konflikte.

Frederik ist da anders. Ist er von etwas überzeugt – seinem menschenrechtsimmanenten Anrecht auf Süßigkeiten etwa –, sucht er die Auseinandersetzung, ob in der Küche, im Park oder auf dem Parkplatz. Oliver, Frederiks kleiner Bruder, folgt seinem Beispiel. Sein Sprachschatz mag mit anderthalb noch beschränkt sein, aber die Zornesfalte, die sich zwischen seinen Augen bildet, wenn es etwa um seinen Schnuller geht, spricht Bände. Würde ich die sammeln – das Bücherregal wäre längst zweimal gefüllt: »Wut«, Gesamtausgabe, edition suhrkamp, ISBN: 973-3-518-06152-0, 699 Euro. Die Empörung in solchen Situationen, so echt sie wirken mag, setzen die beiden – zumindest bei mir, meine Frau Jana ist da bei Weitem unempfänglicher – geschickt als dramaturgisches Mittel ein. Und wie jeder gute Dramaturg wissen sie um die Wirkung des Publikums: die Menschen im Supermarkt, die Nachbarn, die U-Bahn-Mitfahrer – sie alle werden Zeugen eines Dramas, so alt wie die Menschheit: das Aufbegehren der Jugend vor dem Alter, gipfelnd im Kampf um Schokolade. Was soll ich dem entgegensetzen? Nun, ich pflege zwei Strategien – im Gegensatz zu Franziskus beide friedlich: Bei Oliver, dem Jüngeren, funktioniert Strategie 1 gut: ablenken. Das Gehirn eines Anderthalbjährigen funktioniert schließlich gefühlt im Fünfsekundentakt: Wo ist mein Schnuller? WO IST MEIN SCHNULLER? Ah, ein Schmetterling ... Bei Frederik, vier, läuft es dagegen oft auf Strategie 2 hinaus: Ich lenke ein. Aber immerhin würdevoll.

X wie Xylophon

Immerhin, es hat zwölf Töne, und man bedient es im weitesten Sinne mit den Händen. Das versöhnte mich – zumindest ein wenig – mit dem Geschenk, das Frederik im Alter von zwei Jahren zum Geburtstag bekam: ein Xylophon. Aus Holz, zwei Schlegel plus Liederbuch, alle Gassenhauer dabei von »Fuchs, du hast die Gans gestohlen« bis »Frère Jacques« (in Frederiks Aussprache: »Schwere Jacke«, aber das ist ein anderes Thema).

Ich muss dazusagen: Musikalische Früherziehung im weitesten Sinne kann traumatisieren. Als ich mit sechs Jahren langsam an das tönende Universum der Musik herangeführt werden sollte, geschah dies mittels einer Blockflöte. Was soll ich sagen, wir sind nie wirklich Freunde geworden. Allein, dass man in ein Instrument hineinblasen muss, damit es Töne von sich gibt, war meiner Meinung nach ähnlich absurd wie die Töne, die ich mit Mühe hervorbrachte. Zwei Jahre lang schickte mich meine Mutter zum Blockflötenunterricht. Es ist nicht so, dass ich nicht geübt hätte – wobei ich das für 60 Prozent der Übungsstunden auch nicht ausschließen möchte.

Aber vielleicht sind es bei mir anatomische Inkompatibilitäten, die dazu führten, dass ich diesem Instrument nie reine, volltönende Klänge entlocken konnte. Ganz anders die Schumann-Zwillinge Petra und Katrin. Die spielten noch auf dem Schulhof – zweistimmig – die Lieder, die es für die Woche einzuüben galt und bildeten derart flötend ein Spalier für unsere Lehrerin, wenn sie uns die Tür aufschloss. Ich weiß. Wahrscheinlich würden sich die beiden heute dafür selbst bei Facebook disliken. Im Grunde also ein mittelgroßes Wunder, dass ich mich von der musikalischen Früherziehung nicht abschrecken ließ und Klavierstunden nahm. Meine strenge, aber gütige Lehrerin machte mich mit Chopin, Strauss und Mozart vertraut, spätestens bei den Beatles war allerdings Schluss – es war ein mittelschweres Politikum, als ich auf einem Elternvorspiel einmal »Let it be« in der Jazzversion vortrug.

Natürlich will ich bei Frederik deshalb alles richtig machen. Er soll sich frei entfalten können, das Instrument wählen, an dem er Freude hat, sich ausprobieren, wachsen an Herausforderungen und auch mal Sackgassen einschlagen dürfen. Natürlich soll er das dürfen, er ist mein Sohn. Hauptsache, er steht eben irgendwann auf einer Bühne (in meiner Vorstellung ist es eine mittelgroße Halle, etwa 10000 Zuschauer), bringt mit einer beschwichtigenden Geste die kreischenden Teenager zum Schweigen und sagt mit seiner vom Set rau gesungenen Stimme: »Und jetzt bitte einen Applaus für meinen Dad, dem ich das alles hier zu verdanken habe. Dad, ich hab dir das nie gesagt, aber du warst immer ein Vorbild für mich. Ohne dich hätte ich die große Liebe meines Lebens wohl nie kennengelernt: die Musik.« Und ich, mit schütterem Haar in dann wahrscheinlich ziemlich unmoderner Lederjacke hinter der Bühne, kämpfe mit den Tränen und raune dem Roadie, der neben mir kaugummikauend Gitarrenkabel sortiert, zu: »Das ist mein Sohn!«

Die Wirklichkeit? Das Xylophon nutzt Frederik eher sporadisch, ebenso das kleine Keyboard mit Mikrofon, das in seinem Zimmer steht. Neulich waren wir im Spielzeugladen, in der Abteilung für Kinderinstrumente. Er hat sich sehr für die Blockflöte interessiert.

Achtung, für Genießer! *Der floral offenbar ambitionierte Nachwuchs von Leserin Gabriele kommentierte* die gelb knospende Forsythie im Garten wie folgt: »Schaumal, Mama, die Frau Sützie hat neue Triebwerke!«

Sie haben Hunger? Und Sie sind Karnevalist? Guten Appetit, heute gibt es: »Spaghetti Polonaise!«, *eingesandt von Stephanie Moll*

Kinderwort-Fan Gero Frisch versorgte mich gleich mit Dutzenden Wortkreationen seiner Jungs. Am besten gefielen mir: »LITTLE MISS SCHORNSTEIN« statt dem Film »Little Miss Sunshine« und die – sicher gut abgehangene – »LEDERWURST« statt, na, Sie wissen schon …

Luke, hast du das, äh, Dings, also äh, dein »Gläserschwert« dabei? Möge die Macht mit dir sein! statt Laserschwert, *eingesandt von Helga Weber*

Tatatataaa: Ist das von »Motorzart«? Oder von »BEETHAUFEN«? *eingesandt von Juliane Traeger*

Maschinen haben vielleicht – noch – keine Seele. Aber auch Maschinen möchten ab und zu gelobt werden. Schön, dass Philipp, vier Jahre, das bemerkt hat. Für ihn ist die Klimaanlage im Auto nur die »Primaanlage«, *eingesandt von Geesche Arnold*

Wäre die was für Bruno Ganz?
Die »UNTERGANGSJACKE« statt Übergangsjacke, *erfunden von der Tochter von Leserin Simone Gretenkord*

Sie haben sich auch schon mal gefragt, wozu so eine Krawatte eigentlich gut ist? *Karla, die vierjährige Tochter von Leserin Ute Sandner, kann helfen:* Für sie ist der Schlips schlicht der »Büroschal«.

Sehr zu empfehlen für Politiker, Kommentatoren oder katholische Priester: »Moralwasser« statt Mineralwasser, *eingesandt von Leserin Maren*. Oder – wenn es sprudeln soll – gleich »Auapünktchenwasser«, *eingesandt von Peter Häfner*. Um das Thema Getränke abzuschließen – *Leserin Kristin Faulstich-Ritter schreibt:* »Unser Sohn hat immer Apfeldurst getrunken und eine Boxerschorle getragen.«

Ein Fall fürs Jugendamt? »Prügelbett« statt Bügelbrett, *eingesandt von Sigrid Noll*

Kinderwort-Fan Juliane Waas freute sich als kleines Mädchen nicht nur auf »FREULLEIN DÜ« (Fondue) an Silvester, sondern auch, wenn abends die »STRAßENSCHLAMPEN« (Straßenlampen) angingen. Das glitzerte immer so schön.

Nomen est omen: *Leser Joscha Muschal geht mit seiner zweijährigen Tochter seit ihrem Italienurlaub nur noch zum* »Pizzaliener«.

Y wie YouTube

Sie können sich sicher vorstellen, vor welche Herausforderungen man beim Verfassen eines Eltern-Lexikons gestellt wird, wenn es an die Nischenbuchstaben unserer Sprache geht: Das Q etwa, habe ich gehört, leidet an akutem Bore-out-Syndrom und trauert den Zeiten hinterher, als Sido noch lateinisch rappte (»Quis, Quid, Quo?«). Das X ist in einer kleinen Jazzband im Schwäbischen aktiv, natürlich am Xylophon. Und das Y? Hat ausgesorgt. Seit 2006. In dem Jahr nämlich ging die Videoplattform »YouTube« online und erledigt seitdem zuverlässig alle anfallenden Kinderbetreuungsaufgaben an verregneten Sonntagnachmittagen. Und bescherte dem »Y« ganz nebenbei auch im deutschen Sprachraum schon bei den Allerjüngsten eine geradezu gespenstische Allgegenwart. »Kann ich YouTube gucken?«, war einer der ersten Sätze, den der Sohn eines Freundes einigermaßen verständlich äußern konnte. Und das ist schon sechs Jahre her.

Inzwischen sind Kinder in dem Alter schon weiter: Die meisten besitzen mit spätestens drei Jahren ihren eigenen YouTube-Kanal, auf dem sie im Spielzeug-Haul vorführen, was ihre Eltern zuletzt bei BabyOne ergattert haben. Oder sie beißen ihre Geschwister, lassen sich dabei filmen und sichern sich, ihren Eltern und ihren Kindeskindern so einen angenehm prasselnden Geldregen, Abermillionen YouTube-Abrufen sei Dank. Wer es wirklich noch nicht kennt: »Charlie bit my Finger«. Google macht den Rest. Oder sie spielen Schlagzeug auf einem Hocker. So wie es der junge, sehr junge Justin Bieber einst tat. Zu besichtigen sind seine Hocker-Grooves ebenfalls auf YouTube, ebenso das, was er nun, zehn Jahre später, an Musik produziert. Mir persönlich hat das mit dem Hocker übrigens besser gefallen.

Solche Vorbilder prägen natürlich, auch ich habe mit Frederik und Oliver Großes vor. Mögen sie im Moment noch im Konsummodus stecken und YouTube allenfalls für Sendung-mit-der-Maus-Folgen und *Pettersson und Findus* nutzen. Schon bald werde ich den »Charlie-bit-my-Finger«-Moment der beiden abpassen, filmen und auf YouTube hochladen. Ich warte. Oder sie werden gleich ein erfolgreiches YouTube-Geschwisterpaar, so wie die Lochis (an alle Menschen Ü20: bitte googeln). Ich weiß, die waren am Anfang nicht wirklich lustig. Und man kann trefflich darüber streiten, ob sie es jetzt sind. Aber jenseits der 100 Millionen Abrufe bei YouTube geht es nicht mehr um lustig oder nicht. Sondern ums Geschäft. Und ähnlich wie in den 90ern die Kelly Family mit ihrer Mischung aus Folk, Pop und ungewaschenen Haaren in die Charts gespült wurde, könnte Frederiks und Olivers YouTube-Popularität ja auch die gesamte Familie erfassen und mittragen. Ich lass mich auch in den Finger beißen. Wie auch immer, ich habe jetzt zumindest mal alle Hocker, die im Haushalt zu finden waren, ins Kinderzimmer geräumt. Man weiß ja nie.

Z wie Zeit

Nehmen wir mal an, Zeit wäre wirklich Geld – junge Eltern wären ständig pleite. Konto überzogen, wenn das Kind trotz Schnupfen wieder mal in den Kita-Spätdienst muss, weil im Büro eine wichtige Konferenz wartet. Schulden aufnehmen, wenn mal wieder Oma einspringen muss. Und spätestens, wenn es darum geht, wann man eigentlich zuletzt einen Abend zu zweit hatte, steht im Grunde schon der Insolvenzverwalter vor der Tür. Schließlich werden Kinder weder mit Gebrauchsanweisung noch mit Warnhinweisen geliefert: Achtung, Ihr Leben und Ihr Zeitmanagement werden sich grundlegend verändern. Das ist selbstverständlich allen total klar – theoretisch. Aber in der dritten durchwachten Nacht in Folge kann es da auch bei den ambitioniertesten Eltern mal zu gelegentlichen Zweifeln kommen – und Sehnsüchten. Einmal durchschlafen! Einmal wieder Zeit für die Freunde, die wir seit einem halben Jahr treffen wollen. Ist ja nicht so, dass junge Eltern nicht auch kontaktfreudig, sozial engagiert und gesellig sind. Sie kommen nur so selten dazu. Kinder halten sich nicht an Pläne, Kalender oder Uhrzeiten. Fängt ja schon bei der Geburt an. Ganz im Gegenteil: Sie sind eine Lektion in Langmut.

Ich habe mir in Frederiks erstem Jahr oft eine Zeitkapsel gewünscht. Also ein Ort, ein wenig Panic Room, ein wenig Harry-Potter-Kaminzimmer, an dem die Zeit einfach stillsteht. Beziehungsweise, die Zeit außerhalb dieses Raums steht still, und ich da drinnen habe endlich Zeit für alles, was schon längst überfällig war: Bestseller schreiben. In Ruhe telefonieren. Bügeln. Oder einen der gefühlt vierzehn Geburtstagsgutscheine einlösen, die sich in den vergangenen Jahren angesammelt haben. Ein Wochenende im Harz mit Freunden. Ein Ausflug an die Ostsee. Ein Candle-Light-Dinner. Einfach mal rechts ranfahren in der Rush-hour des Lebens, wenn immer alles gleichzeitig passiert: Frederik will mit mir Duplo spielen, Oliver auf meinem Rücken reiten, das Dach muss neu gemacht und eine Präsentation vorbereitet werden. In solchen Momenten hilft – mangels Zeitkapsel – nur

ein Tagtraum: Ich schließe die Augen und sehe mich in vierzig Jahren. Als Rentner. Mit Strickjacke, endlich genug Geld. Das Dach ist gemacht. Und ich schaue der Uhr beim Ticken zu. Tick. Tack. Tick. Tack. Zeit. Viel Zeit. Oder? Ich telepathiere Oliver an (Telefone gibt es dann sicher nicht mehr), und frage ihn, wann er und die Kinder uns mal wieder besuchen. »Total gerne, Papa. Aber am kommenden Wochenende sind wir in Berlin, die Woche drauf ist die Wohnungsbesichtigung, und dann die Woche ist ja schon meine Fortbildung. Aber zu Ostern klappt es sicher. Tschüs!« Tick. Tack. Tick. Tack.

An alle Rentner: Ich hätte da einen Vorschlag. Ihr gebt uns was von eurer Zeit. Und wir nehmen dafür euer Geld. Deal?

Z wie Zucker

Das Schöne an Smartphones ist, dass man sich zu jeder Entscheidung im entscheidungsreichen Leben eines Vaters zweier halb- bis viertelwüchsigen Söhne eine passende wissenschaftliche Begründung ergoogeln kann. Verlangt etwa Frederik – bei Oliver ist das mit der Sprache noch nicht so virulent, anderes Thema – Schokoladenkekse, Kaubonbons oder andere Erzeugnisse auf Weißzuckerbasis, ist die Gewissenserleichterung für Eltern dank Smartphone nur drei Suchwörter entfernt. Geben Sie mal »Glukose«, »Kinder« und »Gehirn« ein – Sie werden Mühe haben, Ihren Kindern beim nächsten Supermarktbesuch die Vorratspackung Duplos auszureden. »Nahrung fürs Gehirn« heißt es da, »Hochleistung durch Ernährung«, »Zucker« – ich hab's immer gewusst – »ist Treibstoff für den Körper«.

Und so habe ich inzwischen ein äußerst entspanntes Verhältnis zu Süßigkeiten: Frederik

Man kann es förmlich riechen:
»Miefel« statt Stiefel,
eingesandt von Leserin Svenja

Verballhornungen von Namen sind ganz, ganz unteres Niveau. Ich weiß. Aber **»Garten-Spaten-Kirchen«** kann ich Ihnen nicht vorenthalten statt Garmisch-Patenkirchen, *eingesandt von Anke Erler*

Wenn Kinder englisch sprechen:
»Happy Bürste« statt Happy Birthday, *eingesandt von Anne Schaeffer*

Wenn Sie mich fragen, eine sehr subtile Form der Kapitalismuskritik: **»Hello Titty«** statt Hello Kitty, *so gesagt von der zweijährigen Tilda aus Dortmund*

Stephen Hawking hat es wahrscheinlich in seinem Haus, irgendwo, als Übergang in eine andere Dimension: das **»Wurmzimmer«**, statt Wohnzimmer, *eingesandt von Iris Schimkat*

Eine Abrechnung mit dem Netzzeitalter in einem einzigen Wort, pointierter als jede Sascha-Lobo-Kolumne: **»Getüter«** statt Computer, *eingesandt von Kinderworte-Fan Stefanie Ingo*

Der nächste Film von Till Schweiger? **»Einöhrchen«** statt Eichhörnchen, *eingesandt von Florian Canzler*

Eine neue Merchandising-Idee, George Lucas? **»STAR WURST«** statt Star Wars, *eingesandt von Sabine Gröne*

Volksetymologie in Vollendung: **»MAMA, WIE HEISST DAS NOCH, WAS DIE HIER SPRECHEN? ZWITSCHERDEUTSCH?«** statt Schweizerdeutsch/Schwizerdütsch, *eingesandt von Kathrin Remmers*

Gehört in Berlin längst zur Hipsterszene: die **»Mittemaus«** statt Micky Maus, *eingesandt von Philip Groth*

Dummheit geht durch den Magen: **»Trottelini«** statt Tortellini, Clara, fünf Jahre alt, *eingesandt von Melanie Mannsfeld*

Sehr seltene Rasse, immerhin nicht wasserscheu: die **»Huftmakatze«** statt Luftmatratze, *eingesandt von Christina Cieslak* darf Schokolade essen und die Ernährung seines Bruders Oliver fußt inzwischen auch nicht mehr rein auf Spinat und Vollkornnudeln. Aber das war nicht immer so. Denn Frederiks erste Kita hatte sich – sehr modern, aber wie ich nun mit meinem Smartphone feststellen muss, hochgradig unwissenschaftlich – zur zuckerfreien Kita erkoren. An Ostern gab es hart gekochte Eier, an Weihnachten Dörrobst. Moment mal, werden Sie zu Recht einwenden, und was ist an Geburtstagen? Kein Kuchen? Doch, doch. Nur eben ohne Zucker. Damit das Fest des Jahres nicht vollkommen freudlos begangen werden muss, war zumindest der Einsatz von Zuckerersatzstoffen erlaubt. So viel konnte ich in der Vorbereitungsphase von Frederiks zweitem Geburtstag bei der Kita-Leitung und durch Lektüre der Kita-Statuten ermitteln.

Ich entschied mich für Agavendicksaft. Honig ist ja für Kleinkinder im Grunde eine Massenvernichtungswaffe (googeln Sie mal, ein Wunder, dass Sie das damals überlebt haben), bei Aspartam ist von »Nervengiften« die Rede. Agavendicksaft also. Ich gebe zu, ich habe mich mit der Dosierung nicht allzu ausführlich beschäftigt und beim Waffelbacken den

Zucker im Verhältnis eins zu eins durch Dicksaft ersetzt. Was soll ich sagen – die Waffeln kamen gut an. Extrem gut. Und irgendwie wirkten die Kinder wie benebelt, als sie recht schnell für die zweite Waffel Schlange standen. Wenig überraschend – wie ich später herausfand, ist Agavendicksaft etwa doppelt so süß wie Weißzucker. Hätte ich doch das mal vorher gegoogelt. Wie auch immer, seitdem genoss ich in Frederiks Kita eine Sonderstellung. Ich mag es mir eingebildet haben, aber ich meine, bei dem ein oder anderen Kind ein verschwörerisches Blinzeln in den Augen wahrgenommen zu haben, wenn wir uns auf dem Flur trafen. Kein Wunder.

Prometheus mag den Menschen einst das Feuer der Erkenntnis überbracht haben. Aber ich – ich gab euch Agavendicksaft. Und wer Kinder kennt, weiß, was mehr zählt.

Lieber Maximilian Roth, ich dachte bisher, »Sambalamba« statt Salamander, *geprägt von meinem Sohn Frederik*, sei unschlagbar. Nun muss ich neidlos anerkennen: **»Malasander«** ist auch nicht übel.

Form follows function: **»SPRINGULIN«** statt Trampolin, *eingesandt von Leserin Sabine*

Hatschi: »Heulschnupfen« statt Heuschnupfen, hat *Benedikt, der fünfjährige Sohn von Leserin Silke Meyer*, übrigens jedes Frühjahr. In enger Verwandtschaft dazu: »Heulschrecke« statt Heuschrecke, *eingesandt von Alexa Linz*

Das wird man in Edinburgh nicht gerne hören: **»Schrottland«** statt Schottland, *eingesandt von Thomas Eckmann*

Das Dreirad ist kaputt? Keine Sorge. Das kann man doch »paparieren«, oder, Papa? statt reparieren, *eingesandt von Magi Hoefkens*

Krank, aber lustig: Die *vierjährige Tochter von Isabelle Adler* meldete nach dem Toilettengang: »Ich hatte einen Durchunfall.« Inzwischen ist die Kleine wieder wohlauf.

Für die Freunde des Pennälerhumors:
»Furzelbaum« statt Purzelbaum,
eingesandt von Matthias Falk und Nachwuchs

Gibt schon beim Frühstück genug Energie für den ganzen Tag: ein Brot mit **»Batteriene«** statt Margarine, *eingesandt von Jessica Birn und ihrer zweijährigen Tochter*

Ja, es ist naheliegend. Aber dadurch nicht weniger lustig: **»Pipisee«** statt Titisee *stammt von der vierjährigen Ronja, eingesandt von Markus Moses*

Flugzeuge starten vom Flughafen. Klar, dass Züge dann vom **»Zughafen«** abfahren, *eingesandt von Helmut Resch*

Luft anhalten und bis zehn zählen: **»Hicksaufschluck«** statt Schluckauf, *eingesandt von Michelle Wehrmann und Tochter Ylva*

Und nach dem Baden? Keine Frage: erst mal **»ABROCKEN«**, *eingesandt von Michael Seggewiß und seiner Tochter*

Testen Sie Ihr Wissen!

Allgemeinbildung. Der große SPIEGEL-Wissenstest. Taschenbuch. Verfügbar auch als eBook

Geschichte. Der große SPIEGEL-Wissenstest. Taschenbuch. Verfügbar auch als eBook

Kultur. Der große SPIEGEL-Wissenstest. Taschenbuch. Verfügbar auch als eBook

Fußball. Der große SPIEGEL-Wissenstest. Taschenbuch. Verfügbar auch als eBook

Politik & Gesellschaft. Der große SPIEGEL-Wissenstest. Taschenbuch. Verfügbar auch als eBook

Religion. Der große SPIEGEL-Wissenstest. Taschenbuch. Verfügbar auch als eBook

Wie schlau sind Sie? Der große SPIEGEL-Intelligenztest. Taschenbuch. Verfügbar auch als eBook

Wie gut kennen Sie Deutschland? Der große SPIEGEL-Wissenstest. Taschenbuch. Verfügbar auch als eBook

Leseproben und mehr unter www.kiwi-verlag.de KiWi